Hans-Josef Wagner
Sozialität und Reziprozität

Hans-Josef Wagner

Sozialität und Reziprozität

Strukturale Sozialisationstheorie I

Humanities
Online

Bibliografische Information der Deutschen Nationalbibliothek
Die Deutsche Nationalbibliothek verzeichnet diese Publikation in der Deutschen Nationalbibliografie; detaillierte bibliografische Daten sind im Internet über http://dnb.ddb.de abrufbar.

Frankfurt am Main
www.humanities-online.de
info@humanities-online.de

Erste Auflage 2004
ISBN 978-3-934157-28-6

Umschlaggestaltung: Uwe Adam
Printed in Germany

Dieses Buch ist auch E-Book (PDF) erhältlich: www.humanities-online.de

Inhalt

II. GRUNDBEGRIFFE DER SOZIALISATIONSTHEORIE

Einleitung

In dieser Studie geht es um die Grundlegung einer strukturalen interdisziplinären Sozialisationstheorie.[1] Eine solche Theorie ist ein dringendes Desiderat, weil nicht wenige Theorien der Sozialisation erhebliche strukturanalytische und interdisziplinäre Defizite aufweisen und daher nicht mehr auf der Höhe der Zeit sind. So werden die objektiven Strukturen, die im Übergang von der Natur zur Kultur neu entstehen und die Grundlage humaner Sozialisation bilden, nicht oder nicht systematisch berücksichtigt. Oftmals wird bei der Nachzeichnung des Sozialisationsprozesses des Subjekts umstandslos von der humanen Ontogenese ausgegangen und deren Einbettung in die Naturgeschichte vernachlässigt. Damit aber geraten die Grundlagen der Sozialisation aus dem Blick. Auch bleiben nach wie vor nicht wenige Theorien auf der Ebene der bloßen Deskription des sozialisatorisch Gegebenen stehen. Eine Sozialisationstheorie aber, die die objektiven, natur- und menschheitsgeschichtlich sich entfaltenden und sich selbst erzeugenden und emergierenden Strukturen vernachlässigt, ist nicht in der Lage, die Sozialisation des Subjekts, die sich wesentlich durch Strukturtransformationsprozesse vollzieht, angemessen darzustellen. Ein weiterer Grund für den defizitären Zustand der Sozialisationstheorie ist die unzureichende bzw. fehlende interdisziplinäre Orientierung.[2]

Insofern ist es an der Zeit, eine neue strukturale interdisziplinäre Sozialisationstheorie zu entwerfen. Die hier vorliegende Studie konzentriert sich insbesondere auf die naturgeschichtlichen Grundlagen der Sozialisation; eine zweite auf den Prozeß der Sozialisation in der humanen Ontogenese.[3] Die Theoriestränge der Naturgeschichte und der humanen Ontogenese werden zunächst analytisch getrennt behandelt, wobei, dem realen Einbettungsverhältnis entsprechend, der Analyse der Naturgeschichte bzw. des Natur-Kultur-Übergangs

1 Die Studie schließt einerseits an Ulrich Oevermanns Programmatik einer Theorie der Bildungsprozesse des Subjekts an, versucht andererseits jedoch diese aufzufüllen, auszudifferenzieren und fortzuschreiben sowie explizit eine zukünftige interdisziplinäre strukturale Sozialisationstheorie zu entwerfen.

2 In diesem Zusammenhang hat Dieter Geulen nachdrücklich darauf hingewiesen, daß eine zukünftige Sozialisationstheorie interdisziplinär orientiert sein muß. Siehe dazu D. Geulen und H. Veith (Hg.), *Sozialisationstheorie interdisziplinär. Aktuelle Perspektiven*, Stuttgart: Lucius & Lucius, 2004.

3 Hans-Josef Wagner, *Krise und Sozialisation. Strukturale Sozialisationstheorie II*, Frankfurt am Main: Humanities Online (2004).

konstitutionslogisch Priorität eingeräumt wird. Dies verweist schon darauf, daß hier nicht nur das Strukturale, sondern auch das Genetische berücksichtigt wird. Zunächst geht es also darum, auf der Folie einer materialen evolutionstheoretischen Perspektive das Humanspezifische und die Basisstrukturen von Kultur, Geschichte und Lebenspraxis offenzulegen. Dabei stehen folgende Fragen im Vordergrund: Was ist Sozialität? Wie unterscheidet sich die subhumane von der humanen Form der Sozialität? Wie bildet sich die humanspezifische Sozialität heraus, und wie läßt sich ihre objektive Strukturiertheit fassen? Was sind die Basisstrukturen und damit die Bedingungen der Möglichkeit von Kultur, Geschichte und Lebenspraxis? Wie erfolgt nach dem Ausfall der biogrammatischen Programmierung des Verhaltens im Tier-Mensch-Übergangsfeld die Regelung der Geschlechterbeziehungen? Wie entsteht, ausgehend vom sozialen Akt *(social act)* als einer naturgeschichtlichen Kategorie die humanspezifische Form der Sprache und Kommunikation sowie die Sinnstrukturiertheit humanen Handelns? Was sind die naturgeschichtlichen Vorläufer des menschlichen Geistes?

Zum Aufbau der Studie: Wir beginnen mit einer Erörterung des Inzesttabus. Die Transformation von Natur in Kultur erfolgt vor allem – wenn auch zusammen mit anderen Faktoren (Sprache, Kognition u.a.) – durch das Inzesttabu. Der Ausfall der biogrammatischen Programmierung des Verhaltens im Übergangsfeld vom Tier zum Menschen betrifft auch die sexuelle Reproduktion, so daß die Geschlechterbeziehungen dringend einer Regelung bedürfen. Dies leistet das Inzesttabu. Im Zuge dieser Regelung aber entsteht zugleich etwas Neues, das es in der Naturgeschichte bisher nicht gab, nämlich Kultur, menschliche Gesellschaft und Geschichte. Zu behandeln sind also das Inzesttabu und seine Grundlagen sowie sein Zusammenhang mit den Heiratsregeln und der ödipalen Triade. Hierbei ist es notwendig, unter anderem folgende Themenkomplexe zu erörtern: die Exogamie und Endogamie, die duale Organisation, die Kreuzkusinenheirat, den Ausfall der Heiratsregeln, die Familialisierung des Vaters, den Generationenvertrag. Es geht dabei darum, den Begriff einer objektiven sozialen Struktur *sui generis* zu gewinnen, die als Basisstruktur von Kultur, Geschichte und Lebenspraxis gelten kann. Zu zeigen ist, daß die regelgeleitete Sozialität als zweckfrei sich reproduzierende Reziprozität diese Funktion erfüllt. Wir stützen uns bei der Rekonstruktion dieser wichtigen Grundlagen wesentlich auf den Lévi-Strauss'schen Strukturalismus.

Mit der Bestimmung der objektiven Strukturiertheit von Sozialität haben wir partiell das Fundament der strukturalen Sozialisationstheorie gelegt. Dieses gilt es nun weiter auszubauen. Dazu bietet sich die pragmatistisch-naturalistische Konzeption von George Herbert Mead an, insbesondere seine Theorie der Naturgeschichte und Sozialität. Mead rekonstruiert in dieser den evolutionsgeschichtlichen Weg zur humanspezifischen Form der Kommunikation. Dabei wird gezeigt, wie vom sozialen Akt *(social act)* her – gleichsam einer Klammer zwischen Naturgeschichte und Menschheitsgeschichte – sich qua Gesten *(gestures)*, Gestenkommunikation *(conversation of gestures)* und vokalen Gesten *(vocal gestures)* die humanspezifische Kommunikation entwickelt. In diesem Zusammenhang ist auf zentrale Konstituentien des menschlichen Handelns wie Sinn, Zeit und Perspektive einzugehen. Bei dieser Rekonstruktion erfolgt teilweise eine neue Interpretation der Meadschen Theorie, die aufgefüllt und weiterentwickelt wird durch Rekurs u. a. auf die Ethologie (K. Lorenz), die Neurowissenschaften mit ihrer Entdeckung der Spiegelneuronen (G. Rizzolatti, V. Gallese u. a.), die Universalgrammatik (N. Chomsky) sowie den genetischen Strukturalismus (U. Oevermann).

Eine weitere wichtige Grundlage humaner Sozialisation ist die Sprache, präziser die Universalgrammatik. Daher wird im dritten Kapitel die Chomskysche Theorie der Universalgrammatik behandelt. Zunächst wird das Kompetenz-Performanz-Paradigma dargestellt; im Anschluß daran werden dann Implikationen aufgewiesen, die für den Objektbereich der Sozialisationstheorie von besonderer Relevanz sind. Dazu zählen u. a.: das erkenntnis-anthropologische Apriori von Kultur und Lebenspraxis, die Einheit von Transzendentallogik und Erfahrungswissenschaft, die Forschungsmethodologie, das intuitive Urteil der Angemessenheit, die Universalität und Invarianz der Universalgrammatik, der generative Regelbegriff, der Zusammenhang von Kreativität und Bildung, die performanzbestimmenden Faktoren.

Im vierten Kapitel geht es darum, das bis dahin Erörterte für eine Theorie der Logik des Sozialen, die in systematischer Absicht wichtige Grundlagen der Sozialisationstheorie darstellt, fruchtbar zu machen. Im Mittelpunkt steht hier die Fassung eines objektiven Strukturbegriffes. Dieser Strukturbegriff verweist auf ein Drittes, das erst das Tor zur Kultur und zur menschlichen Geschichte öffnet. Dieses Dritte basiert auf einer regelgeleiteten Sozialität, die Historischem schon immer zugrunde liegt. Grundlagentheoretisches Thema ist daher das Verhältnis von Universalität und Historizität. In diesem Zusammenhang wird eine Architektonik von Strukturen unterschiedlicher Geltungsreichweite entworfen. Es folgt eine Neudefinition des Strukturbegriffs, die auf menschliches Handeln im allgemeinen und die Dimensionen des Sozialisatorischen im besonderen zugeschnitten wird. Daran schließt sich eine komprimierte Darstellung der strukturalen Methode im Lichte neuerer Erkenntnisse an. Abgeschlossen wird dieses Kapitel mit der Analyse des Verhältnisses von strukturaler Sozialisationstheorie und genetischem Strukturalismus sowie strukturaler Sozialisationstheorie und Neurowissenschaften.

Zur Konstitution einer strukturalen Sozialisationstheorie gehört der Entwurf eines Bestandes von Grundbegriffen. Es werden daher im zweiten Teil dieser Studie Grundbegriffe neu bestimmt. Zu diesen zählen u. a.: Sozialität, Reziprozität, sozialer Akt, Regelhaftigkeit, Sinn, sozialisatorische Interaktion, Lebenspraxis, Krise, Routine, Subjektivität, Autonomie, Identität, Bewährung, Gemeinschaft, Gesellschaft, methodisches Verstehen und Kritik.

1. Konstitutionstheorie und Grundlagen

1. Der Lévi-Strauss'sche Strukturalismus: Inzesttabu – Sozialität – Reziprozität[1]

Der Strukturalismus von Claude Lévi-Strauss führt ins Zentrum unseres Erkenntnisinteresses. Er ermöglicht es, wichtige Voraussetzungen und Grundlagen der humanen Sozialisation nachzuzeichnen und einen objektiven Strukturbegriff zu gewinnen. Dieser Begriff liefert uns eine zentrale Grundlage der strukturalen Sozialisationstheorie. Um dies leisten zu können, muß der objektive Strukturbegriff mindestens zwei Kriterien genügen:

Erstens: Er muß die kleinstmögliche analytische Einheit humaner Sozialisationsprozesse repräsentieren.

Zweitens: Er muß den zweiseitigen Reduktionismus, der sich in den traditionellen Ansätzen der Sozialisationstheorie und ihren epistemologischen Grundlagen findet, vermeiden, und zwar einerseits die psychologistische und idealistische Reduktion auf mentale Repräsentanzen, Bewußtseinsstrukturen und bewußte Ich-Leistungen des Subjekts und andererseits die Reduktion auf die Welt vorsozialer faktischer biologischer Substrate.

Ein solcher fundamentaler objektiver Strukturbegriff – Ausdruck einer objektiven sozialen Struktur *sui generis* – soll vermittels einer Rekonstruktion des Inzestverbots gewonnen werden, das unter verschiedenen Aspekten für die Sozialisationstheorie im besonderen und die Geistes-, Kultur- und Sozialwissenschaften im allgemeinen von Interesse ist:

- Es ist gleichsam die Schleuse des Übergangs von Natur in Kultur.
- Es steht am Beginn der Konstitution der humanen Gattungsgeschichte und fügt der Naturgeschichte etwas bislang Unbekanntes, Neues – nämlich Geschichte – hinzu.

1 Ich stütze mich bei der Rekonstruktion des Strukturalismus von Claude Lévi-Strauss neben eigenen Auslegungen im wesentlichen auf Ulrich Oevermanns strukturale Interpretation. Oevermann hat eine Reihe von Veranstaltungen zum Strukturalismus von Lévi-Strauss durchgeführt (siehe Literaturverzeichnis). Ich fasse hier wegen der schwierigen Literaturlage (oftmals Mitschriften und Protokolle) zusammen, ordne neu und zitiere nur die Sequenzen, die aus Transkripten stammen, die jüngeren Datums sind und verschriftet vorliegen. Dazu zählt in erster Linie die folgende Vorlesungsnachschrift: U. Oevermann, »Vorlesungen zur Einführung in die soziologische Sozialisationstheorie«. Sommersemester 1995 und Wintersemester 1995/96. Aufgezeichnet, verschriftet und bearbeitet von R. Burkholz. Frankfurt am Main, unveröffentlichtes Manuskript.

- Es führt zur Bildung der humanspezifischen Form der Sozialität und damit zur Entstehung human-sozialer Systeme in Form von Gemeinschaft (Familie u. a.) und Gesellschaft.
- Es ist ein universal verbreitetes Phänomen, das uns dazu verhilft, Kulturelles und Universales nicht mehr als miteinander unverträglich anzusehen, und ein Drittes in Form kultureller Universalien einzuführen und zu begründen. Dies hat weitreichende Folgen für die epistemologische, methodologische und methodische Grundlegung der Sozialisationstheorie.
- Es impliziert, daß es in jeder einzelnen Lebensgeschichte neu angeeignet werden muß, das heißt, daß mit jeder humanen Ontogenese aufs neue Gemeinschaft und Gesellschaft erzeugt werden.
- Es ist fundamental mit den Erfahrungszusammenhängen der Subjekte verwoben.[2]

1.1. Das Inzestverbot und seine Grundlagen

Das Inzestverbot ist universell verbreitet. Es gibt keine Gesellschaft, in denen es nicht in irgendeiner Form existiert. In allen Kulturen gelten die sexuellen Beziehungen zwischen Blutsverwandten ersten Grades (Eltern-Kind- und Geschwister-Beziehungen) als inzestuös. In vielen Kulturen weist die Inzestregelung über die Verwandtschaftsbeziehungen ersten Grades hinaus und betrifft auch weitläufige Verwandtschaftsgrade. Die These der Universalität des Inzestverbots gilt vor dem Hintergrund zahlreicher ethnologischer Untersuchungen als empirisch bewährt; sie hat den bisherigen Falsifikationsversuchen standgehalten. Ausnahmen von der Regel, etwa Heiraten von Geschwistern im alten Ägypten, müssen als Abweichungen in einem System gelten, in dem das Inzestverbot allgemein streng eingehalten wird, und sie bedürfen einer besonderen Legitimation. Nun läßt sich zeigen, daß die Einhaltung des Inzestverbots auf natürlichem biologischem Wege nicht gesichert ist. Das heißt, es ist nicht angeboren und kommt auch nicht durch Reifung zustande. Es kann auch nicht auf die reflexiven Leistungen der einzelnen Subjekte der archaischen Gesellschaft zurückgeführt werden. Der universellen Verbreitung des Inzestverbotes entspricht auf der Ebene der biologisch verankerten Triebe ein universeller Inzestwunsch, der das Resultat der Entspezifizierung der Antriebsenergie im Tier-Mensch-Übergangsfeld ist.

2 Oevermann, »Einführung in die soziologische Theorie mit besonderer Berücksichtigung der Sozialisationstheorie 1«. WS 1981/82. Unveröffentlichte Mitschrift, Frankfurt am Main.

Gehen wir zunächst kurz auf die Fragen ein, die um die biologische Sicherung des Inzesttabus kreisen. Die Ethologie hat durch vergleichende Studien an in Sozietäten lebenden Tiergattungen nachweisen können, daß auch ein Inzestverbot für Tiergattungen vorliegt. So ist die Verhinderung des Mutter-Sohn-Inzests wahrscheinlich in allen Tiergattungen anzutreffen, während der Vater-Tochter- und der Geschwister-Inzest weitgehend, aber nicht universell vermieden wird. Der Inzest in den Tiergattungen wird durch verschiedene Mechanismen vermieden, auf die wir hier jedoch nicht im einzelnen eingehen können.[3] Auf der Folie der Untersuchungen über die Inzestvermeidung in den Tiergattungen haben Ethnologen gefolgert, daß das Inzestverbot auch in der humanen Gattung biologisch determiniert sei. Wir hätten es demnach mit einer biologischen Universale zu tun. Diese Extrapolation ist jedoch nicht haltbar, denn auch für den Bereich des Inzesttabus gilt, daß mit dem naturgeschichtlichen Übergang zur Gattung Mensch ein Ausfall der biogrammatischen Programmierung, die bei den Tieren noch gilt, festzustellen ist.

Auch die Argumentation, die Inzestschranke sei auf die Blutsverwandtschaft zurückzuführen und die Einteilung der Verwandtschaftsorganisationen richte sich nach der Linie der Blutsverwandtschaft, trifft nicht zu. Dies zeigt sich schon daran, daß die Einteilung der Verwandtschaftsbeziehungen nach dem Prinzip der Blutsverwandtschaft bei den primitiven Völkern gar nicht möglich ist, da dieses Prinzip erst ein Resultat einer relativ späten Entwicklung menschlichen Wissens ist. Indes gilt als empirisch gesichert, daß in den primitiven Gesellschaften, in spontan voneinander unabhängig gebildeten Kulturen, Heiraten bei gleichem Grad der Blutsverwandtschaft als nicht-inzestuös gelten und andere als inzestuös. Dies läßt sich an dem Gegensatz der Kreuzkusinenheirat und der Parallelkusinenheirat nachweisen. Beide weisen den gleichen Grad der Blutsverwandtschaft auf. Während die Kreuzkusinenheirat Präferenz genießt und weit verbreitet ist, gilt die Parallelkusinenheirat als inzestuös und wird strikt vermieden. Es zeigt sich, daß das Inzestverbot auf der Ebene der humanen Gattung nicht angeboren ist, sondern auf etwas Soziales, nämlich die Regulierung des Sozialen, verweist. Wir werden darauf explizit eingehen.

Des weiteren ist die eugenische These zur Erklärung des Inzestverbots nicht aufrechtzuerhalten. Diese These besagt, Inzest führe zu einer Häufung von Erbkrankheiten und werde deshalb vermieden.

3 Siehe dazu N. Bischof, *Das Rätsel Ödipus. Die biologischen Wurzeln des Urkonfliktes von Intimität und Autonomie*, München 1985.

Zwar ist richtig, daß Inzest zu einer Zunahme der Homozygotie und zu einer Häufung manifester rezessiver Anlagen und infolgedessen zu Krankheiten führt. Evolutions- und gattungsgeschichtlich betrachtet wäre dies jedoch eher ein Vorteil als ein Nachteil, denn die durch unbeschränkten Inzest vermehrt auftretenden und manifest werdenden rezessiven Anlagen würden schnell dem Selektionsdruck zum Opfer fallen und aus dem Genom der Gattung eliminiert werden. Die Erbgesundheitsthese läßt sich also letztlich weder für die subhumanen Gattungen noch für die humane Gattung aufrechterhalten.

Andererseits spricht nun aber ein Argument für den biologischen Sinn des Inzesttabus. Die biparentale Fortpflanzung erweist sich unter den möglichen Fortpflanzungsarten (klonale Reproduktion und biparentale Reproduktion) als die vorteilhafteste, denn sie sichert eine große Variabilität des Genoms durch Rekombination des Erbmaterials. Die Rekombination von Merkmalen durch die biparentale Fortpflanzung führt viel schneller als die Mutation und Selektion zur Ausnutzung aller Kombinationsmöglichkeiten der Erbanlagen einer Gattung und damit zur Beschleunigung und Veränderung der Evolution und der Entstehung von genuin Neuem. Die biparentale Fortpflanzung zeigt allerdings erst dann ihre volle Wirkung, wenn Partner aus einer großen Grundgesamtheit sich unwahrscheinlich paaren. Inzestuöse Paarungen würden diesen Vorteil wieder zunichte machen. Daß sich die biparentale Fortpflanzung unter der Bedingung unwahrscheinlicher Paarungen in verschiedenen subhumanen Gattungen und in der humanen Gattung als evolutiv und genetisch sinnvoll erweist, darf aber nicht mit einer Erklärung des Inzestverbots verwechselt werden. Der biologische Sinn des Inzestverbots ist noch keine Erklärung seines Zustandekommens.

Ebenso gilt als unwahrscheinlich, daß die Regelung des Inzestverbots im Übergang von Natur zur Kultur auf eine bewußte, reflexive Konstitutionsleistung einzelner Subjekte zurückzuführen ist. Denn daraus wäre die universale Verbindlichkeit des Inzestverbots nicht erklärbar. Die Lösung dieses Problems durch individuelle Ich-Leistungen hätte die Subjekte der archaischen Gesellschaft völlig überfordert. Erst in einem weit fortgeschrittenen Stadium der Menschheitsgeschichte, in der die Kernfamilie sich konstituiert hat und die ödipale Triade manifest geworden ist, ist die Lösung dieses Problems durch Ich-Leistungen der Subjekte möglich.

Widmen wir uns nun dem Problem der Strukturierung des Inzestverbots. Dabei müssen wir zwischen biologischer und sozialer Strukturierung unterscheiden. Während subhumane Exemplare aufgrund ihres angeborenen Gattungsbiogramms bewußtlos bereits

»wissen«, wer zu ihrer Gattung gehört und wer als Paarungspartner vermieden werden muß bzw. welche Exemplare für die Paarung in Frage kommen, müssen die Mitglieder der humanen Gattung diese Differenzierungsleistungen sich erst qua Sprache aneignen. Es muß, nachdem die verschiedenen oben genannten Erklärungsversuche des Inzestverbots ausscheiden, davon ausgegangen werden, daß Regeln ausgebildet und von den einzelnen Mitgliedern der humanen Gattung jeweils angeeignet werden müssen, damit diese in der Lage sind, normative Urteile der Angemessenheit bezüglich der angemessenen nicht-inzestuösen Auswahl des Sexualpartners treffen zu können. Genauer: Jedes geschlechtsreife Exemplar der Gattung Mensch muß wissen, wer zur menschlichen Gattung gehört und wer nicht, und es muß unter den heterosexuellen geschlechtsreifen Exemplaren diejenigen, die unter das Inzestverbot fallen, von jenen, die als Heiratspartner zur Verfügung stehen, unterscheiden können. Wer diese Differenzierungsleistungen als immer schon gegeben ansieht, sei auf ethnologische empirische Untersuchungen primitiver Kulturen verwiesen, die zeigen, daß sich der in diesen Gesellschaften verwendete Begriff der menschlichen Gattung oftmals nur auf die Bewohner des eigenen Dorfes oder kleiner Verwandtschaftsgruppen beschränkte; alle anderen Menschen wurden als Tiere oder Gottheiten, die nicht mehr zu derselben Gattung gerechnet wurden, angesehen. Das heißt: Die Mitglieder der Gattung Mensch müssen sich erst etwas kognitiv aneignen, was Exemplare subhumaner Gattungen instinktiv und treffsicher beherrschen. Damit scheint durch den Ausfall der Instinktsteuerung die humane Gattung hinter eine evolutionsgeschichtlich-biologisch bereits erreichte Stufe der Sicherung der sexuellen Reproduktion zurückzufallen. Denn für subhumane Gattungsexemplare ist diese Sicherung biogrammatisch programmiert. Kehrseitig gilt jedoch: Während letztere an ihr Biogramm gebunden sind, ihm blind folgen und es nicht verändern können, wird es für die humanen Gattungsexemplare aufgrund des Ausfalls der biogrammatischen Steuerung und des – durch die Sprache erst ermöglichten – In-Gang-Setzens von Strukturbildungsprozessen möglich, das biologisch Gegebene zu rekonstruieren und es sich damit verfügbar zu machen, sich vom unmittelbar Gegebenen zu befreien, hypothetische Welten zu konstruieren, Selbsterkenntnis zu erlangen und Veränderungen herbeizuführen. Gehen wir nun unter Rekurs auf den Regelbegriff näher auf diese Problematik des Übergangs von Natur zur Kultur ein.

In seiner epochemachenden Studie *Die elementaren Strukturen der Verwandtschaft* versucht Levi-Strauss, Natur und Kultur auf der Folie des Inzestverbots voneinander zu unterscheiden. Er fragt nach dem

Ende des Wirkens reiner Natur und dem Beginn von Kultur: Wo hört Natur auf, unumschränkt zu wirken, und wo beginnt Kultur? Zur Erörterung dieser beiden Fragen rekurriert er auf den Begriff der Regel. Überall da – so seine Argumentation –, wo Regeln fehlen, befinden wir uns auf der Ebene der Natur, und da, wo Regeln existieren, auf der Ebene der Kultur. Regeln sind das entscheidende und sicherste Kriterium, Natur von Kultur zu unterscheiden. »Dieses Fehlen von Regeln scheint uns das zuverlässigste Kriterium zu sein, um einen natürlichen Prozeß von einem kulturellen Prozeß zu unterscheiden.« Und weiter: »Überall dort, wo eine Regel auftaucht, wissen wir mit Bestimmtheit, daß wir uns auf der Ebene der Kultur befinden.«[4] Die Regelhaftigkeit ist ein Humanspezifikum. Sie ist Signum dafür, daß wir uns auf der Ebene der Kultur befinden. Für die Bestimmung der Strukturstelle, an der Natur in Kultur übergeht, ist das Auftauchen von Regeln der sicherste Indikator. Lévi-Strauss umreißt zunächst die Leerstelle, die im Übergang von der Natur zur Kultur entsteht, indem er sich auf Forschungen über Anthropoiden stützt: »Alles scheint darauf hinzudeuten, daß es den Menschenaffen, die bereits fähig sind, sich von einem bestimmten Artverhalten zu differenzieren, nicht gelingt, auf anderer Ebene eine neue Norm aufzustellen. Das Instinktverhalten verliert die Eindeutigkeit und die Präzision, die man bei den meisten Säugetieren antrifft; doch der Unterschied ist nur negativ, und das von der Natur aufgegebene Gebiet bleibt unbesetztes Territorium.«[5] Was geschieht in diesem Zwischenraum? Offensichtlich entstehen in diesem Regeln. Wir können daher sagen, daß die Ordnung der reinen Natur durch die Absenz von Regeln gekennzeichnet ist, die Ordnung der Kultur hingegen durch die Präsenz von Regeln. Während auf der Ebene des Subhumanen Regeln nicht erreichbar sind, sind auf der Ebene des Humanen Regeln immer schon wirksam – auch im Prozeß der Transformation von Natur in Kultur. In Anlehnung an die traditionelle philosophische Terminologie ließe sich dieser Sachverhalt wie folgt formulieren: Während Regeln für das Tierische transzendent sind, sind sie für das Menschliche transzendental.

Lévi-Strauss gewinnt den Begriff der Regel über die Rekonstruktion des Inzestverbots. Dieses weist eine Eigentümlichkeit auf: Es vereinigt in sich Universalität, das Merkmal von Natur, und Regelhaftigkeit, das Merkmal von Kultur. »Halten wir fest, daß alles, was beim Menschen universal ist, zur Ordnung der Natur gehört und sich durch Spontaneität auszeichnet, und daß alles, was einer Norm un-

4 Lévi-Strauss, *Die elementaren Strukturen der Verwandtschaft*, S. 51 f.
5 Ebd., S. 51.

terliegt, zur Kultur gehört und die Eigenschaft des Relativen und des Besonderen aufweist. Wir sind also mit einer Tatsache oder besser mit einer Gesamtheit von Tatsachen konfrontiert, die im Licht der vorstehenden Definitionen nahezu einem Skandal gleichkommen: wir meinen das komplexe Gebäude von Glaubensvorstellungen, Bräuchen, Konventionen und Institutionen, das man zusammenfassend mit dem Namen ›Inzestverbot‹ bezeichnet. Denn das Inzestverbot weist ohne allen Zweifel und unlösbar verbunden die beiden Merkmale auf, die wir als gegensätzliche Attribute zweier einander ausschließenden Ordnungen erkannt haben: es bildet eine Regel, jedoch eine Regel, die als einzige unter allen gesellschaftlichen Regeln zugleich den Charakter der Universalität besitzt.«[6] Es fällt auf, daß Lévi-Strauss hier etwas Schwierigkeiten bereitet, was heute dank der modernen Sprachforschung und -theorie aufgeklärt ist, nämlich die Annahme der Existenz kultureller Universalien. Das zeigt sich daran, daß der Gegensatz von Natur und Kultur mit dem von Universalität und Historizität gleichgesetzt wird. Alles, was der Ordnung der Natur zugerechnet wird, gilt demnach als universell, und alles, was der Ordnung der Kultur angehört, als historisch und regelgeleitet. Dieser Kategorienfehler wiederholt sich auch in der folgenden Sequenz: »Diese Regel, die aufgrund ihres Regelcharakters sozial ist, ist zugleich in doppelter Hinsicht präsozial: zum einen durch ihre Universalität, zum anderen durch die Art der Beziehungen, denen sie ihre Norm aufzwingt.«[7] Wir stoßen hier wieder auf das Problem, das Soziale und das Universale zusammenzubringen. Gleichwohl geht Lévi-Strauss trotz der universellen Verbreitung des Inzestverbotes nicht von dessen natürlicher Sicherung, sondern von seiner universalen sozialen Regelung aus. Es gilt, dieses Mißverständnis mit Lévi-Strauss gegen ihn selbst auszuräumen und ein Drittes anzusetzen. Dieses Dritte meint, daß wir es beim Inzestverbot mit einer Regel zu tun haben, die universal *und* sozial ist. Damit haben wir ein kulturelles bzw. soziales Universale vorliegen.

Das Inzesttabu verzahnt Natur und Kultur; es stellt den Übergang von Natur zur Kultur da. Die Natur bestimmt zwar, daß eine Verbindung (Allianz) der Geschlechter notwendig ist, läßt jedoch die Regelung der Geschlechterbeziehungen, das »Wer mit wem?« offen. Daß sich der Übergang von Natur zur Kultur basal, wenn auch nicht allein, in der Sphäre der Geschlechterbeziehungen und der Sexualität vollzogen hat, steht für Lévi-Strauss außer Frage. Denn, so seine

6 Ebd., S. 52 f.
7 Ebd., S. 57.

Argumentation: »Halten wir indes fest, daß, wenn die Regelung der Beziehungen zwischen den Geschlechtern ein Durchbruch der Kultur innerhalb der Natur ist, andererseits das Geschlechtsleben innerhalb der Natur einen Ansatz des gesellschaftlichen Lebens darstellt: denn unter allen Trieben ist der Geschlechtstrieb der einzige, der zu seiner Definition die Stimulation durch den Anderen braucht. Wir werden auf diesen letzten Punkt zurückkommen müssen; er bildet zwar nicht einen an sich schon natürlichen Übergang zwischen Natur und Kultur, was undenkbar wäre, aber er weist auf einen der Gründe hin, aus denen sich der Übergang zwischen den beiden Ordnungen vorzugsweise auf dem Gebiet des Geschlechtslebens vollziehen kann und muß. Als eine Regel, die das umfaßt, was ihr in der Gesellschaft am fremdesten ist, doch zugleich als eine gesellschaftliche Regel, die von der Natur das zurückhält, was geeignet ist, über sie hinauszugehen, ist das Inzestverbot gleichzeitig an der Schwelle der Kultur, in der Kultur und, in gewissem Sinne, die Kultur selbst.«[8]

Die Regelung der Geschlechterbeziehungen ist ein »Durchbruch der Kultur innerhalb der Natur«. Der Grund dafür liegt in der Tatsache, daß sich auf der Ebene der Gattung Mensch das Problem der Auswahl des adäquaten Sexualpartners – wegen des Ausfalls der biogrammatischen Programmierung – nicht mehr biologisch lösen läßt. Der aus seiner Naturverhaftetheit entlassene Mensch bedarf einer sozialen Regelung dieses zentralen Problems. An die Stelle der biogrammatischen Programmierung der Geschlechterbeziehung muß schon deshalb eine soziale Regulierung treten, weil die Produktion und Reproduktion der Gattung auf dem Spiel steht. Aufgrund des Ausfalls der Instinktsteuerung ist die Reproduktion des Menschen auf soziale Regulierung angewiesen. Die Leerstelle, die die Natur gelassen hat, bedarf also dringend einer Füllung. Die Alltagsmeinung, derzufolge die adäquate Partnerwahl gleichsam selbstverständlich ist, ist bei näherer Betrachtung nicht haltbar. Ohne die soziale Regulierung und ohne die Aneignung der Sexualorganisation im Prozeß der Sozialisation ist das biologische Problem der Sexualität nicht zu lösen. Darüber hinaus gilt es zu beachten, daß sich über die Lösung dieses Problems Gesellschaftskonstitutives gleichsam mitbildet. Insofern läßt sich sagen: Die Humanisierung des Menschen setzt an dem Problem der Regulierung der Geschlechterbeziehungen und der Sexualität an. Zwar gilt schon auf der Ebene subhumaner Gattungen, daß »unter allen Trieben der Geschlechtstrieb der einzige ist, der zu seiner Definition die Stimulation durch den Anderen braucht«, also

8 Ebd.

Sozialität in Form der biparentalen Fortpflanzung erforderlich macht. Aber die subhumane Sozialität muß von der humanen Sozialität unterschieden werden. Die humane Sozialität ist im Gegensatz zur subhumanen auf Regulierung angewiesen. Sie bedarf der Regelhaftigkeit von Sozialität. Durch die Füllung dieser Leerstelle konstituieren sich erst Gemeinschaft und Gesellschaft. Die Überzeugung von Lévi-Strauss, derzufolge sich der Übergang von Natur zur Kultur »vorzugsweise auf der Ebene des Geschlechtslebens vollziehen kann und muß«, bestätigt unsere Interpretation. Zugleich bedeutet dies, daß wir es auf der Ebene der Gattung Mensch immer mit einem Amalgam von Natur und Kultur zu tun haben.

Die Lévi-Strauss'sche Einschätzung der Bedeutung der Sexualität ähnelt übrigens der von Sigmund Freud. Für beide Klassiker der Sozialisationstheorie steht die Sexualität bei der Herausbildung der Sozialität des Menschen im Zentrum. Oder anders formuliert: Die Konstitution von Sozialität hat in der Sozialisierung der Sexualität innerhalb der Gattenbeziehung ihr Fundament. Dem entspricht auch, daß in der Perspektive der Psychoanalyse der Inzestwunsch als *biologisch universell* erscheint und die Beherrschung dieses Wunsches in der Lebensgeschichte *kulturell universell* durch Errichtung einer Inzestschranke geleistet werden muß. Während der Inzestwunsch eine biologische Universalie ist, stellt das Inzestverbot eine kulturelle Universalie dar, die immer wieder von neuem in jeder humanen Ontogenese erworben werden muß. Wir haben damit gleichsam schon eine wichtige Struktureigenschaft der kulturellen Universalie des Inzesttabus implizit benannt. Diese besteht darin, daß das Inzestverbot nicht ein für allemal am Beginn der Menschheitsgeschichte von den Gattungmitgliedern erworben worden wäre und von da an sich im festen Besitz der Gattung befände. Es muß vielmehr von jedem Neugeborenen im Laufe seines Sozialisationsprozesses neu erworben werden.

Wollte man den Übergang von Natur zur Kultur vereinfacht formulieren, so könnte man sagen: Vor dem Inzesttabu ist reine Natur; nach seiner Schaffung Kultur. Das Inzestverbot stellt den entscheidenden Transformationsschritt von Natur in Kultur dar. Mit dem Inzestverbot überwindet sich die Natur gleichsam selbst. Es emergiert eine neue Ordnung des Lebendigen. Nach Lévi-Strauss stellt das Inzestverbot »eine Transformation« dar: »vor ihr ist die Kultur noch nicht existent; mit ihr hört die Natur auf, beim Menschen unumschränkt zu herrschen. Das Inzestverbot ist das Verfahren, mit dem die Natur sich selbst überwindet; es ist der Funke, der eine neue und komplexere Struktur entstehen läßt, welche die einfacheren Strukturen des psychischen Lebens überlagert und integriert, so wie diese die noch einfacheren Strukturen des tierischen Lebens überlagern und integrieren. Es zeitigt und ist selbst die Heraufkunft einer neuen Ordnung.«[9] Nehmen wir nun hinzu, was wir bereits im Kontext der Erschließung des Dritten herausgearbeitet haben, dann können wir formulieren: Das Inzestverbot ist eine objektive universale Strukturtransformationsgesetzlichkeit, die durch die Überwindung der reinen Natur zur Entstehung von genuin Neuem in Form von Kultur führt. Es ist vorzugsweise – wenn auch gemeinsam mit anderen Faktoren – die Regelung der Geschlechterbeziehungen, die die Gattungsgeschichte als reine Naturgeschichte transzendiert und das Tor zu Geschichte und Kultur öffnet.

Betrachten wir das Verhältnis von Universalität und Historizität näher. Lévi-Strauss spezifiziert in der folgenden Sequenz seinen Begriff der Universalität. »Das Problem des Inzestverbots besteht weniger darin, nach den historischen, je nach den Gruppen verschiedenen Konstellationen zu suchen, welche die Modalitäten der Institution in dieser oder jener besonderen Gesellschaft erklären, als vielmehr in der Frage, welche tiefen und allgegenwärtigen Ursachen bewirken, daß es in allen Gesellschaften und zu allen Zeiten eine Reglementierung der Beziehungen zwischen den Geschlechtern gibt.«[10] Mit »tiefen Ursachen« meint Levi-Strauss eine Strukturierungsgesetzlichkeit, die empirisch nie in reiner Form zu beobachten ist, sondern immer nur in ihren je historisch konkreten Ausformungen offengelegt werden kann. Die Universalität hat die Form einer Strukturierungsgesetzlichkeit, die als solche nie anschaulich zu machen ist. Nur in ihren Wirkungen ist sie erkennbar. Deutlich wird hier zugleich, daß es weder Universelles ohne historisch Konkretes noch umgekehrt historisch Konkretes ohne Universelles gibt; es ist vielmehr von der Gleichzeitigkeit von Universalität und Historizität auszugehen. Zugleich operiert die Strukturgesetzlichkeit des Inzestverbots räumlich und zeitlich.

Betrachten wir die Transformation von Natur in Kultur vor dem Hintergrund des Verhältnisses der Kategorien Deszendenz und Allianz. Die Deszendenz ist durch die Natur festgelegt. Sie drückt sich in der Vererbung der Gene, die das Kind von den Eltern erhält, aus. Dagegen »ist die Kultur ohnmächtig: das Erbe eines Kindes liegt ausschließlich in den Genen, welche die Eltern weitergeben; so wie diese sind, so wird das Kind sein«.[11] Den zweiten Aspekt, die Allianz,

9 Ebd., S. 74.
10 Ebd., S. 71 f.
11 Ebd., S. 79.

bestimmt die Natur als ebenso prinzipiell notwendig. Aber sie läßt die Möglichkeit der Partnerwahl offen. Diesen von der Natur offengelassenen Freiraum muß die Kultur ausfüllen. Hier hat sie das Sagen und hier muß sie sich gegenüber der Natur behaupten. Dies tut die Kultur, indem sie universal die Beziehungen der Geschlechter zueinander regelt. Sie füllt immer und überall die von der Natur leer gelassene Form mit dem Inhalt der Regel aus. Damit löst sich zugleich der scheinbare Widerspruch zwischen Universalität (Natur) und Regel (Kultur) auf. Lévi-Strauss hat diesen Zusammenhang wie folgt beschrieben: »Dieses Problem klärt sich auf, wenn man die – durch das Studium des tierischen Lebens bezeugte – Gleichgültigkeit der Natur gegenüber den Modalitäten der Beziehungen zwischen den Geschlechtern anerkennt. Denn es ist gerade die Allianz, die das Scharnier bildet oder besser die Kerbe, in der das Scharnier sich festmachen kann: die Natur zwingt zur Allianz, ohne sie näher zu bestimmen; und die Kultur nimmt sie auf, um sogleich ihre Modalitäten zu definieren. Damit löst sich der scheinbare Widerspruch zwischen dem Regelcharakter des Verbots und seiner Universalität auf. Die Universalität bringt lediglich die Tatsache zum Ausdruck, daß die Kultur immer und überall diese leere Form ausgefüllt hat, so wie eine sprudelnde Quelle zunächst die Vertiefungen ausfüllt, die sich in ihrer Nähe befinden. Begnügen wir uns für den Augenblick mit der Feststellung, daß die Kultur die leere Form mit dem Inhalt der Regel ausgefüllt hat, einer sowohl beständigen wie allgemeinen Substanz der Kultur …«[12] Im Zwischenraum, gleichsam im Riß zwischen zwei Ordnungen des Lebendigen, emergiert das Universelle von Kultur. Auf der Folie der Lévi-Strauss'schen Analyse des Verhältnisses von Deszendenz und Allianz wird erst die Bedeutung der Allianz für die Menschheitsgeschichte evident. Es ist die Allianz, die uns von der Natur freisetzt. »Bis zu Lévi-Strauss haben ethnologische Theorien Verwandtschaftsbeziehungen entweder primär unter dem Gesichtspunkt der Allianz oder der Deszendenz betrachtet. Erst Lévi-Strauss hat die Synthesis der beiden Betrachtungsweisen geleistet. Vor Lévi-Strauss war die Gemeinsamkeit und Differenz von Allianz und Deszendenz nicht genügend bestimmt worden. Die Allianz setzt uns von der Biologie frei: Philosophisch formuliert liegt hier das Reich von Freiheit und Notwendigkeit.«[13] Und weiter, bezogen auf die gattungsgeschichtliche Bedeutung der Gattenbeziehung heißt es: »Die Gattenbeziehung ist das Nadelöhr,

12 Ebd., S. 80 f.

13 Oevermann, »Vorlesungen zur Einführung in die soziologische Sozialisationstheorie«, S. 34.

durch das gattungsgeschichtlich im Übergang von Natur zur Kultur die Kultur hindurchgezogen werden muß.«[14] Dabei ist daran zu erinnern, daß es die Gattenbeziehung im eigentlichen Sinne in den subhumanen Gattungen noch nicht gibt. In diesen haben wir es mit Paarung, aber nicht mit einer Paarbeziehung zu tun. Die Paar- bzw. die Gattenbeziehung ist der Kultur zugehörig.

1.2. Inzesttabu – Heiratsregeln – ödipale Triade

Wir haben gesagt, daß die humane Sozialität mit dem Inzestverbot beginnt. Wie läßt sich nun das Inzestverbot näher bestimmen? Das Inzestverbot ist primär etwas Negatives. Es ist negativ und gerade in seiner Negativität ist es ein Universale. Dem Übergang von der Natur zur Kultur liegt also eine Negation im Sinne eines Verbotes zugrunde. »Der Übergang von Natur zur Kultur beginnt mit einem klar formulierten Verbot, das sozial ist. Dieses Verbot ist das eigentlich Universale.«[15] Das Inzestverbot besagt als Verbot, daß der inzestuöse Partner nicht geheiratet werden darf. Welcher Partner inzestuös ist, wird dabei von Gruppe zu Gruppe unterschiedlich geregelt. Denn, so Lévi-Strauss: »Sowohl hinsichtlich seiner Form wie seines Anwendungsbereichs zeigt es [das Inzesttabu] von Gruppe zu Gruppe eine große Vielfalt. Während es in unserer Gesellschaft sehr eingeschränkt ist, erstreckt es sich in einigen nordamerikanischen Stämmen noch auf die entferntesten Verwandtschaftsgrade. Man braucht wohl kaum darauf hinzuweisen, daß es im letzteren Fall weniger die reale Blutsverwandtschaft betrifft, die oft gar nicht feststellbar ist, falls sie überhaupt existiert, als vielmehr das rein soziale Phänomen, aufgrund dessen zwei nicht wirklich verwandte Individuen zur Klasse der ›Brüder‹ oder ›Schwestern‹, ›Eltern‹ oder ›Kinder‹ gerechnet werden.«[16] Aus der negativen Bestimmung des Inzesttabus folgt indes sogleich eine positive. Wenn der inzestuöse Partner nicht geheiratet

14 Ebd., S. 42.

15 Ebd., S. 99. Oevermann sieht in dem Beginn der Kultur mit einer Negation eine Bestätigung der Hegelschen Konstitutionstheorie. Denn, so seine Argumentation: »Man kann darin (daß das eigentlich Universale ein Negativum ist, H. J. W.) durchaus eine Bestätigung des alten Hegel sehen, der seine konstitutionstheoretischen Überlegungen immer mit der Negativität beginnen läßt. Bestimmung fällt bei Hegel gewissermaßen mit Negativität zusammen, und so ist das auch beim Übergang von Natur zur Kultur. Negation hat da ein fundamentum in re.« (Oevermann, ebd.)

16 Lévi-Strauss, *Die elementaren Strukturen der Verwandtschaft*, S. 77.

werden darf, so besteht das Gebot darin, den nicht-inzestuösen Partner zu heiraten. Dazu bedarf es in den archaischen Gesellschaften Regelungen. Es müssen, um überhaupt Ordnung zu schaffen und die Ich-Leistungen der Subjekte nicht hoffnungslos zu überfordern, Heiratsregeln geschaffen werden. In diesen muß positiv festgelegt werden, wer wen heiraten soll. Es zeigt sich bereits auf der Ebene des Beginns der Menschheitsgeschichte die Dialektik von Universalität und Historizität. In seiner Negativität ist das Inzesttabu universal, während es in seiner Positivität je historisch spezifische Ausformungen aufweist. Historisch und kulturspezifisch sind die positiven Regelungen des Inzesttabus; Universalität kommt ihm dagegen als Negativum zu. Beide, Universalität als Negativum und Historizität als Positivum, bedingen einander wechselseitig.

Konstruieren wir den Fall, es gäbe das Inzesttabu nicht. Dann würden die Frauen in den Familien und Verwandtschaftsgruppen verheiratet und wären damit dem Tausch entzogen. Folge wäre das Entstehen eines Ungleichgewichts bezüglich des Zugangs zu Frauen und ein minimaler Austausch zwischen den Menschen und den Gruppen. Das Inzesttabu sorgt durch das Verbot, die Frauen aus der eigenen Familie beziehungsweise Gruppe zu heiraten, dafür, daß sie einer anderen Gruppe zur Verfügung gestellt werden. Damit schafft es Reziprozität und sorgt für ein relatives Gleichgewicht und einen sozialen Austausch zwischen den verschiedenen Gruppen. Es stiftet Vergemeinschaftung und Vergesellschaftung. Lévi-Strauss beschreibt diesen Sachverhalt wie folgt: »Indem die Gruppe eine allgemein zu befolgende Regel aufstellt, ganz gleich, wie diese Regel lautet, behauptet sie ihr Recht, das zu kontrollieren, was sie für einen wesentlichen Wert hält. Sie lehnt es ab, die natürliche Ungleichheit der Verteilung der Geschlechter innerhalb der Familien zu sanktionieren, und legt, auf der einzig möglichen Grundlage, den freien Zugang zu den Frauen der Gruppe fest, eine Freiheit, die allen Individuen zugestanden wird. Diese Grundlage ist kurz die folgende: daß man sich weder auf die Bruderschaft noch auf die Vaterschaft berufen kann, um eine Gattin zu fordern, sondern daß die Gültigkeit dieser Forderung allein auf der Tatsache beruht, daß alle Männer bei ihrem Wettbewerb um die Frauen einander gleich sind, wobei ihre jeweiligen Beziehungen in Termini der Gruppe und nicht der Familie definiert werden. Gleichzeitig erweist sich die Regel als vorteilhaft für die Individuen, denn indem sie sie zwingt, auf einen sehr begrenzten oder sehr eingeschränkten Teil von unmittelbar verfügbaren Frauen zu verzichten, gibt sie allen das Recht auf eine bestimmte Anzahl von Frauen, deren Verfügbarkeit durch die Macht der Gewohnheit zwar aufgeschoben, deren Zahl theoretisch jedoch so groß wie nur möglich und für alle die gleiche ist.«[17]

1.2.1. *Exogamie und Endogamie*

Was meint Exogamie und was Endogamie, und wie läßt sich deren Verhältnis bestimmen? Beginnen wir mit der Exogamie. Exogamie bedeutet das Nach-Außen-Heiraten. Sie ist gebunden an die Existenz von Gruppen, die Regeln aufstellen, nach denen Frauen getauscht werden. Die Frauen werden nicht innerhalb der Familie getauscht, sondern gemäß den Festlegungen der Gruppen. Es sind exogame Gruppen, die untereinander Frauen tauschen. Diese exogamen Gruppen bilden selbst wieder einen Zusammenhang von Endogamie. Dabei ist zwischen zwei Formen von Endogamie, und zwar der wahren Endogamie und der funktionellen Endogamie, zu unterscheiden. Die wahre Endogamie bedeutet, daß nur innerhalb bestimmter Grenzen geheiratet werden darf. Als Beispiel sei auf die Adelsfamilien oder auf bestimmte Milieus verwiesen. Dagegen wird die funktionelle Endogamie durch Heiratsregeln gestiftet. Zu dieser gehört etwa die Kreuzkusinenheirat. Durch die Exogamie, die Regel, nicht innerhalb der Familie, sondern nach außen zu heiraten, wird Pluralität gesichert. »Die Exogamie ist eine ganz wichtige Angelegenheit zur Pluralitätssicherung und zur Austauschdifferenzierung. Die Gesellschaft würde sich ohne diese Regelung immer in der Gefahr der Implosion befinden.«[18]

Die bereits angedeutete Differenzierung zweier Formen von Endogamie wird von Lévi-Strauss wie folgt bestimmt: »Die Heiratsregeln verbieten nämlich nicht nur immer einen bestimmten Kreis von Verwandten; manchmal schreiben sie einen solchen Kreis auch vor, innerhalb dessen die Ehe notwendig geschlossen werden muß, soll nicht ein ebenso großer Skandal heraufbeschworen werden, wie ihn die Übertretung des Verbots selbst darstellt. Hier sind zwei Formen zu unterscheiden: einerseits die Endogamie, andererseits die Präferenzheirat, das heißt im ersten Fall die Verpflichtung, innnerhalb einer objektiv definierten Gruppe zu heiraten, im zweiten Fall die Verpflichtung, ein Individuum zu ehelichen, das zu dem Subjekt in einem ganz bestimmten Verwandtschaftsverhältnis steht.«[19] Die funktionelle Endogamie folgt logisch aus der Exogamieregel, während die wahre

17 Ebd., S. 94.

18 Oevermann, »Vorlesungen zur Einführung in die soziologische Sozialisationstheorie«, S. 88.

19 Ebd., S. 98.

bzw. eigentliche Endogamie nicht auf die Exogamie reduziert werden kann. »Es empfiehlt sich also, zwei verschiedene Arten von Endogamie zu unterscheiden: jene, die nur eine Kehrseite der Exogamieregel ist und nur durch diese erklärt werden kann; und die eigentliche Endogamie, die kein Aspekt der Endogamie ist ...«[20]

Exkurs: *Das Freund-Feind-Schema und die Kategorie des Fremden*

Gehen wir kurz auf den Zusammenhang zwischen der Endogamie bzw. Exogamie und dem Freund-Feind-Verhältnis sowie die Kategorie des Fremden ein. In den archaischen Gesellschaften gelten diejenigen, die sich außerhalb der endogamen Gruppen befinden, nicht etwa als neutrale Fremde, sondern als Feinde. Sie werden nicht als Menschen, sondern als Tiere, Dämonen oder Geister angesehen. Nur diejenigen, die als Heiratspartner zur Verfügung stehen und die zur endogamen Gruppe gehören, gelten als Menschen und sind Freunde. »Dies trifft in so hohem Maße zu, daß die Beobachter häufig beeindruckt waren von der Tatsache, daß sich die Eingeborenen unmöglich eine neutrale Beziehung oder, genauer, eine fehlende Beziehung vorzustellen vermochten. ... Jede Familienbeziehung definiert eine bestimmte Gesamtheit von Rechten und Pflichten, während das Fehlen einer Familienbeziehung keinesfalls gar nichts definiert; es definiert die Feindseligkeit.«[21] Lévi-Strauss führt verschiedene Beispiele für dieses Denken der Eingeborenen in Freund-Feind-Schemata an. Eines, das sich auf eine australische Gruppe bezieht, sei hier angeführt. »Wenn ein Fremder zu einem Lager kommt, das er noch nie aufgesucht hat, tritt er nicht in das Lager ein, sondern bleibt in einiger Entfernung stehen. Nach einer Weile nähert sich ihm eine kleine Gruppe von älteren Männern, und als erstes versuchen sie herauszufinden, wer der Fremde ist. Die häufigste Frage, die man ihm stellt, lautet: ›Wer ist dein *maeli* (Vater des Vaters)?‹ Die Diskussion dreht sich um Fragen der Genealogie, bis alle Beteiligten sich für befriedigt erklären, was die genaue Beziehung des Fremden zu jedem einzelnen Eingeborenen im Lager angeht. Ist man an diesem Punkt angelangt, dann darf der Fremde im Lager empfangen werden, und man bezeichnet ihm die einzelnen Männer und Frauen und definiert ihre Verwandtschaftsbeziehungen zu ihm ... Bin ich ein Eingeborener und begegne

20 Ebd., S. 98 f.
21 Ebd., S. 644.

einem anderen Eingeborenen, so muß dieser andere entweder mein Verwandter oder mein Feind sein. Wenn er mein Feind ist, muß ich die erste Gelegenheit nutzen, um ihn zu töten, aus Angst, daß er mich tötet. Dies war, jedenfalls vor der Ankunft des weißen Mannes, die Auffassung der Eingeborenen von den Pflichten gegenüber dem Nächsten.«[22] Im übrigen wird dadurch zusätzlich unsere These bestätigt, derzufolge die einzelnen Mitglieder der Gattung Mensch sich erst etwas aneignen müssen, was Tierexemplare aufgrund ihres angeborenen Biogramms immer schon »wissen«, nämlich das Wissen darum, wer zur eigenen Gattung zählt. Dieses Agieren im Freund-Feind-Schema ist in den archaischen Gesellschaften verbreitet. »Während eines langen Zeitraums also haben sich die Menschen in zahlreichen Gesellschaften in einer seltsamen Geisteshaltung einander genähert, mit übertriebener Furcht und Feindseligkeit, die dennoch nur in unseren Augen töricht erscheint. In allen Gesellschaften, die uns unmittelbar vorausgegangen sind oder die uns noch heute umgeben, und selbst in zahlreichen Bräuchen unseres eigenen Volkes gibt es keinen Mittelweg: entweder volles Vertrauen oder volles Mißtrauen. Man legt seine Waffen nieder, entsagt der Magie und verschenkt alles, von gelegentlicher Gastfreundschaft bis hin zu Töchtern und Gütern.«[23] Diese Menschen sind deshalb keine Barbaren, und sie sind auch nicht unmoralisch. »Ihr Bezugspunkt für die Anwendung von Normen der Sittlichkeit ist eben nur konsequent begrenzt auf die endogame Gruppe. Die Kategorie des neutralen Fremden hat sich erst in einem langen gesellschaftlichen Prozeß ausdifferenziert. Bei dieser handelt es sich um eine ›dritte Kategorie‹, die das Freund-Feind-Schema aufhebt.«[24] Gegenüber dem neutralen Fremden unterhält man dann nicht mehr ein feindliches, sondern ein neutrales Verhältnis. Der Fremde ist dann derjenige, mit dem man ein reziprokes, aber fremdartiges Verhältnis beibehält.

22 Ebd. Siehe dazu auch: Radcliffe-Brown, A. R., »Three Tribes of Western Australia«, in: *Journal of the Royal Anthropological Institute,* Bd. 43, S. 151.

23 Lévi-Strauss, *Die elementaren Strukturen der Verwandtschaft,* S. 644 f.

24 Oevermann, »Vorlesungen zur Einführung in die soziologische Sozialisationstheorie«, S. 90.

1.2.2. *Duale Organisation und Kreuzkusinenheirat*

In den archaischen Gesellschaften ist grundlegend zwischen zwei Formen von Heiratsregeln zu unterscheiden. Die eine Form ist die der dualen Organisation, die andere die der Kreuzkusinenheirat. Betrachten wir diese beiden Formen im einzelnen.

Duale Organisation

Eine duale Organisation besteht darin, daß ein Stamm oder ein Dorf in zwei Teile, etwa in *A* und B, aufgeteilt ist. Dabei gilt die Regel, daß Mitglieder von Teil *A* nur Mitglieder von Teil *B* heiraten dürfen. Lévi-Strauss charakterisiert die duale Organisation wie folgt: »Das Grundmerkmal der Heirat als einer Form des Austauschs zeigt sich besonders deutlich bei den dualen Organisationen. Dieser Terminus bezeichnet ein System, in dem die Mitglieder der Gemeinschaft – Stamm oder Dorf – in zwei Sektionen geteilt sind; diese unterhalten komplexe Beziehungen zueinander, die von erklärter Feindschaft bis zu enger Vertrautheit reichen, bei denen gewöhnlich jedoch verschiedene Formen von Rivalität und Zusammenarbeit nebeneinander bestehen. Häufig sind diese Hälften exogam, das heißt die Männer der einen Hälfte dürfen ihre Gattinnen unter den Frauen der anderen Hälfte wählen, und umgekehrt. Wo die Teilung in Hälften die Heiraten nicht regelt, wird diese Rolle häufig von anderen Gruppierungsformen übernommen. Hier trifft man entweder auf eine nochmalige Zweiteilung der Gruppe, parallel oder senkrecht zur vorherigen; oder die Hälften enthalten Clans, Unterclans oder exogame Abstammungsgruppen; oder aber die Modalitäten der Heirat hängen von besonderen Formationen ab, die wir Heiratsklassen nennen.«[25]

Wir können demzufolge innerhalb der dualen Organisation differenzieren zwischen einer direkten und einer indirekten Exogamie. Neben diesen beiden Formen der Exogamie weisen duale Organisationen weitere Gemeinsamkeiten auf. Lévi-Strauss umreißt diese wie folgt: »Die Deszendenz ist meist matrilinear; zwei Kulturheroen – bald ein älterer und ein jüngerer Bruder, bald Zwillinge – spielen eine wichtige Rolle in der Mythologie; die Zweiteilung der sozialen Gruppe setzt sich häufig in einer Zweiteilung der Wesen und Dinge des Universums fort, und die Hälften werden mit charakteristischen Gegensätzen verbunden: Rot und Weiß, Rot und Schwarz, Hell und

25 Lévi-Strauss, *Die elementaren Strukturen der Verwandtschaft*, S. 128.

Dunkel, Tag und Nacht, Winter und Sommer, Nord und Süd oder Ost und West, Himmel und Erde, Festland und Meer oder Wasser, Links und Rechts, Flußabwärts und Flußaufwärts, Oben und Unten, Gut und Böse, Stark und Schwach, Älter und Jünger.«[26]

In diesem Zusammenhang gilt es das Mißverständnis auszuräumen, die duale Organisation erzeuge die Reziprozität. Davon kann keine Rede sein. Denn die duale Organisation gibt der Gegenseitigkeit lediglich die Form; erzeugt wird die Reziprozität jedoch durch das Inzestverbot. Die duale Organisation ist ein Mittel, um die aus dem Inzestverbot emergierenden Regeln bzw. Strukturgesetzlichkeiten in die Praxis umzusetzen. Wir gehen hier nicht weiter auf Details und besondere Eigenschaften der dualen Organisation ein.

Kreuzkusinenheirat und der Beginn des Strukturalismus

Das System der Kreuzkusinenheirat ist von entscheidender Bedeutung für das Verständnis des Inzesttabus und des Reziprozitätsprinzips. Bei der Darstellung dieses Systems ist zunächst zwischen Kreuzkusinen und Parallelkusinen zu differenzieren. Kreuzkusinen sind die Kinder eines gegengeschlechtlichen Geschwisters eines der Eltern (Kind der Vater-Schwester oder Kind des Mutter-Bruders). Parallelkusinen sind die Kinder eines gleichgeschlechtlichen Geschwisters eines der Eltern (Kind des Vater-Bruders oder Kind der Mutter-Schwester). Während Parallelkusinen als Heiratspartner verboten sind und unter das Inzestverbot fallen, dürfen Kreuzkusinen heiraten. Die Heirat von Kreuzkusinen ist in den archaischen Gesellschaften durch Heiratsregeln vorgeschrieben. Solche Heiraten gelten als nicht-inzestuös. Biologisch betrachtet sind Parallelkusinen und Kreuzkusinen jedoch identisch. An dieser Tatsache, daß die Kreuzkusinen- und die Parallelkusinenheirat unter dem Aspekt der biologischen Nähe des Verwandtschaftsgrades identisch sind, sozial aber in diametralem Gegensatz zueinander stehen, zeigt sich, daß das Inzesttabu etwas Soziales ist. »Die Bedeutung der Kreuzkusinenheirat liegt vor allem in der Tatsache, daß die Teilung, die sie zwischen vorgeschriebenen und verbotenen Gatten vornimmt, eine Kategorie von Verwandten überschneidet, die unter dem Gesichtspunkt ihrer biologischen Nähe absolut austauschbar sind. Dieser Punkt ist oft angeführt worden, um zu beweisen, daß die Heiratsverbote jeder biologischen Grundlage entbehren; doch uns scheint, daß ihre volle Tragweite noch nie klar erkannt worden ist. Gerade weil die Kreuzkusinenheirat vom biologischen Faktor absieht,

26 Ebd.

müßte sie es ermöglichen, nicht nur den rein sozialen Ursprung des Inzestverbots festzustellen, sondern auch seine Natur zu enthüllen. Es reicht nicht aus, ständig zu wiederholen, daß das Inzesttabu keine biologischen Grundlagen hat: worauf gründet es dann? Dies ist die eigentliche Frage, und solange man sie nicht beantwortet hat, kann man nicht behaupten, das Problem gelöst zu haben. Die Antwort ist jedoch im allgemeinen sehr schwer zu geben, weil die verbotenen Verwandtschaftsgrade als Ganzes eine größere biologische Nähe aufweisen als die erlaubten Verwandtschaftsgrade. Es bleibt also immer zweifelhaft, was die Institution nun begründet, der biologische oder der soziale Verwandtschaftsgrad. Diese Schwierigkeit wird einzig im Fall der Kreuzkusinenheirat vollkommen beseitigt; denn wenn es uns zu verstehen gelänge, warum Verwandtschaftsgrade, die in biologischer Hinsicht äquivalent sind, dennoch in sozialer Hinsicht als gänzlich verschieden angesehen werden, könnten wir behaupten, das Prinzip nicht nur der Kreuzkusinenheirat, sondern des Inzestverbots selbst entdeckt zu haben.«[27] Warum also werden Kreuzkusinenheirat und Parallelkusinenheirat, obwohl biologisch äquivalent, sozial als in diametralem Gegensatz zueinander stehend angesehen? Was ist die Logik der Kreuzkusinenheirat? Vorausgreifend können wir schon andeuten: Nur die Kreuzkusinenheirat sichert Reziprozität zwischen den Gruppen, gleichsam einen gerechten Austausch und Ausgleich, während die Parallelkusinenheirat das Reziprozitätsprinzip nicht erfüllen kann.

Ulrich Oevermann hat diesen komplexen Sachverhalt wie folgt zu verdeutlichen versucht. »Man gehe zur Vereinfachung von folgendem aus: Eine Gesellschaft ist patrilinear, das heißt, die Abstammungen werden über die väterliche Linie gerechnet, und gleichzeitig patrilokal, das heißt, die Frauen, die getauscht werden, müssen dann zur Familie der Männer ziehen ... Gruppe *A* hat eine Frau von Gruppe *B* bekommen. Hier sieht man nun die Überlappung der Kreuzkusinenheirat mit der dualen Organisation. Der Hauptunterschied zwischen der dualen Organisation und der Kreuzkusinenheirat ist im Grunde nur ein geringer. Wenn ein Ego, ein Mann aus Gruppe A, heiratet, dann heißt das in der dualen Organisation nur, daß er eine Frau aus der Kategorie *B* heiraten muß. Wenn ein Mann in der Kreuzkusinenheirat eine Frau sucht, dann heiratet er nicht eine Frau insgesamt aus der Verwandtschaftslinie B, sondern eine Frau, die in der Kusinenschaft steht. Die Kategorie ist also eingeengter. Aber es gibt Übergänge. Wenn zum Beispiel die Kreuzkusinenheirat einfach ist,

27 Ebd., S. 197 f.

so daß immer nur zwei Verschwandtschaftsgruppen sich gegenseitig über den Kreuzkusinenmechanismus heiraten, dann ist es wie in einer dualen Organisation, aber das muß nicht sein. Also: Gruppe *A* hat eine Frau von Gruppe *B* bekommen. Gruppe *A* ist bezüglich Gruppe *B* zum Schuldner geworden; sie hat von Gruppe *B* etwas bekommen. Die Gruppe *B* ist bezüglich Gruppe *A* ein Gläubiger. Jetzt muß wieder ein Ausgleich erfolgen (Reziprozität). Die einfachste Form, einen Ausgleich zu erzielen, ist, daß in der nächsten Generation Gruppe *A* eine Frau an Gruppe *B* zurückgibt. Und da wäre zum Beispiel eine Tochter ein Kandidat. Würde jetzt diese Tochter einen verbotenen Parallelcousin heiraten, dann würde sie nicht an Gruppe *B* zurückgehen, sondern an irgendeine andere Verwandtschaftsgruppe, und wenn es nur Gruppe *A* und Gruppe *B* gäbe, dann wäre das wieder Gruppe A. Also, es würde zu einem A-Inzest führen. Nur die Kreuzkusinenheirat bedeutet in der nächsten Generation eine Rückgabe. Anders formuliert: Wenn man der Einfachheit halber von Patrilinearität und Patrilokalität ausgeht, dann bedeutet das, daß die männlichen A-Nachkommen bei Gruppe *A* bleiben, die A-Frauen aber weggegeben werden. Aber die Verwandtschaftslinie *A* muß für diese Abgabe wieder Frauen zurückbekommen (Reziprozität). Die Gruppe *A* hat jetzt also beispielsweise von Gruppe *B* eine Frau bekommen, die in der nächsten Generation die Mutter einer Frau ist. Um jetzt Reziprozität zu sichern (hier ist Gruppe *A* bezüglich dieses Falles Schuldner und Gruppe *B* Gläubiger), muß die Bilanz wieder ausgeglichen werden. Es muß in der nächsten Generation eine Rückgabe erfolgen. Gruppe *A* hat eine Tochter, die zurückgegeben werden kann. Die Tochter hat zwei Cousins als Heiratspartner zur Verfügung, einen Kreuzcousin und einen Parallelcousin. Würde die Tochter den Parallelcousin heiraten, dann würde sie nicht die Reziprozität erfüllen. Dann würde sie nämlich nicht an Gruppe *B* zurückgegeben, sondern an irgendeine andere Gruppe. Zur Vereinfachung gehen wir davon aus, daß es nur zwei Gruppen *A* und *B* gibt, der Parallelcousin dann zur Gruppe *A* gehört, das heißt die Tochter würde innerhalb von Gruppe *A* verbleiben. Die Reziprozität fände nicht statt. Wenn sie aber den Kreuzcousin heiratet, dann wird sie tatsächlich an die Gruppe *B* zurückgegeben. Gruppe *B* verwandelt sich vom Gläubiger in einen Schuldner.«[28]

Halten wir fest: Die Kreuzkusinenheirat ist erlaubt, und die Parallelkusinenheirat ist verboten. Würde es zum Austausch von Parallelkusinen bzw. zur Parallelkusinenheirat kommen, ließe sich das

28 Oevermann, »Vorlesungen zur Einführung in die soziologische Sozialisationstheorie«, S. 91 f.

Prinzip der Gegenseitigkeit nicht mehr realisieren. Erst das Reziprozitätsprinzip vermag die Universalität der Kreuzkusinenheirat zu erklären. Die Dichotomie zwischen Parallelkusinen und Kreuzkusinen ist Ausdruck des Prinzips der Sozialität als zweckfreier Reziprozität. Es sind gleichsam objektive Strukturen des Geistes, die hinter dem Rücken der Akteure operieren, und die jene Dichotomie auf der Ebene von Lebenspraxis erzeugen.[29] Zugleich zeigt sich hier, daß die objektive Strukturiertheit nicht an einzelne Personen oder an eine Generation gebunden ist, sondern sie konstituiert ein Beziehungsgeflecht, das sich über Generationen erstreckt. Sozialität als Reziprozität ist also immer in die Form eines Generationenvertrages eingebettet; Reziprozität realisiert sich über Generationen hinweg. Die entscheidende Differenz zwischen Kreuzkusinenheirat und Parallelkusinenstatus herausgearbeitet zu haben, ist die herausragende Leistung von Lévi-Strauss. Dies ist der Beginn des Strukturalismus und »das Kernargument der ganzen Verwandtschaftsanalyse«.[30]

Das System der Kreuzkusinenheirat ist unter allen Verwandtschaftsregeln in der archaischen Gesellschaft am weitesten verbreitet. Man findet es, zumindest in Teilen erkennbar, in fast allen Kulturen. Es hat den Charakter einer globalen Struktur. »Da es in der Welt sehr viel weniger Systeme gibt, in denen alle diese Merkmale völlig fehlen, als Systeme, die mindestens eines, häufiger mehrere von ihnen besitzen, und da andererseits diese letzteren Systeme über die ganze Erde verstreut sind – denn in keiner Gegend fehlten sie gänzlich –, darf man behaupten, daß diese globale Struktur, auch wenn sie nicht dieselbe Universalität aufweist wie das Inzestverbot, unter allen Verwandtschaftsregeln diejenige ist, die nach dem Inzestverbot der Universalität am nächsten kommt.«[31] Levi-Strauss hat das System der Kreuzkusinenheirat schematisch dargestellt und erläutert (siehe Seite 36).

»Ein Schema mag diese Analyse veranschaulichen. Jedes Paar trägt ein Plus- (+) oder ein Minus- (-) Zeichen, je nachdem, ob es aus dem Verlust oder dem Erwerb einer Frau für die Ausgangslinie *A* oder *B* resultiert; das Zeichen wechselt, wenn man zur folgenden Generation übergeht, deren Mitglieder alle untereinander Cousins sind. Was das Paar in der Mitte betrifft, das aus einem mit einer Frau *b* verheirateten Mann *a* besteht, so trägt es natürlich beide Zeichen, je nachdem, ob

29 Wir werden darauf noch näher eingehen. Siehe dazu Kapitel 1.4.

30 Oevermann, »Vorlesungen zur Einführung in die soziologische Sozialisationstheorie«, S. 92.

31 Lévi-Strauss, *Die elementaren Strukturen der Verwandtschaft,* S. 201.

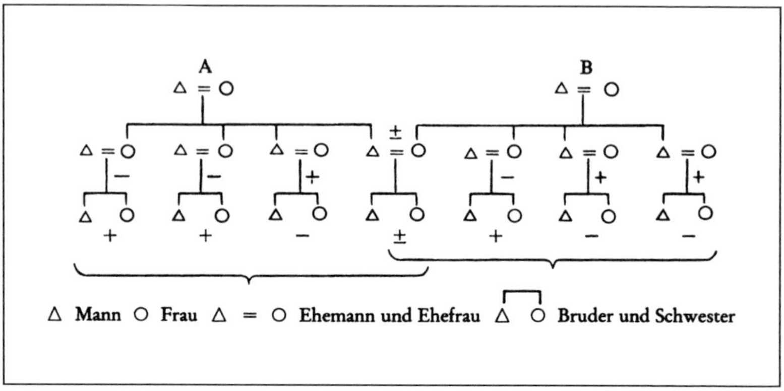

Die Kreuzkusinenheirat. Die Cousins, die in der Beziehung (+-) stehen, sind gekreuzt; diejenigen, die in der Beziehung (++) oder (--) stehen, sind parallel.

man es aus der Sicht der Gruppe *A* oder der Gruppe *B* betrachtet, und dasselbe gilt für ihre Kinder. Man braucht sich nur die Generation der Cousins anzusehen, um festzustellen, daß alle diejenigen, die in der Beziehung (+ +) oder (- +) zueinander stehen, parallel sind, während alle diejenigen, die in der Beziehung (+ -) oder (- +) stehen, gekreuzt sind.

Der Begriff der Gegenseitigkeit erlaubt es also, unmittelbar die Dichotomie der Cousins zu deduzieren. Anders gesagt, zwei Vettern, die beide in der Gläubigerposition gegenüber der Gruppe ihres Vaters stehen (und in der Schuldnerposition gegenüber der Gruppe ihrer Mutter), können ihre Schwestern nicht austauschen, ebensowenig zwei Vettern, die sich in der Gläubigerposition gegenüber der Gruppe ihrer Mutter (und in der Schuldnerposition gegenüber der Gruppe ihres Vaters) befinden: diese interne Übereinkunft würde nicht nur die Gruppen außer acht lassen, die nicht zurückgeben, sondern auch die Gruppen, die nichts erhalten, und dann wäre die Eheschließung bei beiden eine einseitige Übertragung. Die Kreuzkusinenheirat bringt also letztlich nur die Tatsache zum Ausdruck, daß die Heirat immer ein Geben und Nehmen sein muß, aber daß man nur von demjenigen nehmen kann, der zu geben verpflichtet ist, und nur demjenigen geben kann, der ein Recht hat, zu nehmen: denn die gegenseitige Gabe zwischen Schuldnern führt zum Privileg, so wie die gegenseitige Gabe zwischen Gläubigern zur Auslöschung verurteilt.

Nichts in unserem theoretischen Diagramm schließt die Annahme aus, daß der Tausch bereits in der Generation der Eltern stattgefunden hat. In diesem Fall werden alle Heiraten der Heirat des ersten

Paars entsprechen, d.h. der Heirat zwischen Männern *a* und Frauen *b* oder zwischen Männern *b* und Frauen *a*, und die Kinder werden Kreuzcousins oder Parallelcousins sein, und zwar sowohl in väterlicher wie in mütterlicher Linie, statt nur in einer der beiden, wobei die allgemeine Struktur dieselbe bleibt. Ebenso darf man annehmen, daß der erste Tausch zwischen den Großeltern stattgefunden hat, wobei die Großmutter *a* die Schwester des Großvaters *b* ist, und umgekehrt; in diesem Fall wird die folgende Generation (die der Eltern) bereits aus Kreuzcousins bestehen und die Generation der Kinder dieselbe Struktur aufweisen wie im vorherigen Fall, denn der Austausch von Schwestern oder Töchtern bringt, wann immer er stattfindet, Kreuzcousins hervor. Die Kinder von Kreuzcousins sind füreinander Kreuzcousins; die Kinder, die aus einem Austausch von Schwestern zwischen Männern ohne Verwandtschaftsbeziehung stammen, sind Kreuzcousins; und sogar die Kinder, die aus einem Austausch zwischen Parallelcousins stammen, sind Kreuzcousins.«[32]

1.2.3. Der erweiterte Tausch

Innerhalb des Systems der Kreuzkusinenheirat ist zu unterscheiden zwischen der patrilateralen Kreuzkusinenheirat einerseits und der matrilateralen Kreuzkusinenheirat andererseits. Die patrilaterale Kreuzkusinenheirat hat den Nachteil, daß nur ein eingeschränkter Tausch stattfindet. Die daraus resultierende Endogamie betrifft nur eine kleine Gruppe. Zu einem erweiterten Tausch kommt es nur bei der matrilateralen Kreuzkusinenheirat.

Geht man vom Modell der Kreuzkusinenheirat aus, so gibt es zwei Möglichkeiten. »Ego kann die Nachkommen der Schwester des Vaters heiraten; das wäre zur väterlichen Seite hin patrilateral oder matrilateral zur mütterlichen Seite hin, das heißt, die Nachkommen des Mutter-Bruders … Für die patrilaterale Seite gilt, daß die Austauschzyklen relativ kurz sind. In diesem Fall muß die Rückgabe relativ früh erfolgen, also die Reziprozität schließt sich sehr schnell in der darauffolgenden Generation. Bei der matrilateralen Kreuzkusinenheirat verändert sich das … Wir haben hier die Gruppe *A*, die an Gruppe *B* gibt, Gruppe *B* gibt dann an Gruppe *C*, Gruppe *C* gibt an Gruppe *D*, Gruppe *D* gibt an Gruppe *E*, und dies ist beliebig erweiterbar und irgendwann kehrt es zu Gruppe *A* zurück. Es muß irgendwann wieder zurückkehren, sonst realisiert sich in dem Kreuz-

32 Ebd., S. 209 f.

kusinenmodell keine Reziprozität. Das ist natürlich viel abstrakter, denn dieser Mechanismus erstreckt sich über mehrere Generationen. Gruppe *A* kriegt die Frau, die sie an Gruppe *B* abgegeben hat, erst im siebten oder achten Glied wieder. Aber dieses Tauschmodell hat den Vorzug, daß sehr viel mehr Verwandtschaftsgruppen darin involviert sind. Und das führt dazu, daß die endogame Gruppe größer wird, und es ist die Bedingung dafür, daß dann die Gesellschaftlichkeit aus der Verwandtschaftsorganisation sukzessive herauswächst und zum Beispiel eine Herrschaftsform braucht, also andere soziale Institutionen ausbildet.«[33] Wir können daher festhalten: Die Differenz zwischen der patrilateralen und der matrilateralen Heirat innerhalb des Systems der Kreuzkusinenheirat und der durch die matrilaterale Kreuzkusinenheirat ermöglichte erweiterte Tausch erfordern die Ausbildung von sozialen Institutionen. Von der Verwandtschaftsorganisation geht gleichsam eine Dynamik zur Differenzierung und Komplexitätssteigerung der Gesellschaft aus.

Auf der Basis des Modells von Gläubiger und Schuldner kann man sich die nicht stillstellbare Dynamik, die vom Frauentausch in der arachaischen Gesellschaft ausgeht, verdeutlichen. Gruppe *A* gibt an Gruppe *B* in der einen Generation und erhält in der nächsten Generation von Gruppe *B* zurück. In der dritten Generation erhält sie wieder usw. »Aber nie ist die Bilanz wirklich ausgeglichen. Sie kann nicht auf Null gestellt werden ... Sie (Gruppe *A* und Gruppe *B*) sind immer Gläubiger und Schuldner, das heißt die Dynamik ist nicht stillstellbar, die Triebfeder zum Ausgleich bleibt gespannt. Der Ausgleich realisiert sich nie, trotzdem bleibt er der Bezugspunkt.«[34] In die objektive Strukturgesetzlichkeit der Sozialität ist mit dem Gläubiger-Schuldner-Verhältnis eine nicht stillstellbare Dynamik eingebaut. Zu zwei verschiedenen Zeiten ist man beides zugleich, einmal Gläubiger und ein anderes Mal Schuldner. Auf der Folie der Dialektik von Synchronie und Diachronie läßt sich dieser Sachverhalt wie folgt fassen: Das abstrakte Strukturgesetz der Sozialität als einer zweckfrei sich reproduzierenden Reziprozität verweist auf eine in Ruhe befindliche objektive Strukturiertheit, auf Synchronizität, die aber ständig von ihrer praktischen Wirkung her einen Ungleichgewichtszustand erzeugt und in Diachronizität umschlägt. Die objektive Strukturgesetzlichkeit operiert im Rücken der Akteure der archaischen Gesellschaft. Letztere orientieren sich an der Strukturgesetzlichkeit, ohne daß diese ihnen subjektiv intentional verfügbar wäre. Die Realisation rührt

33 Oevermann, »Vorlesungen zur Einführung in die soziologische Sozialisationstheorie«, S. 92 f.

34 Ebd., S. 93.

gleichsam von dem tiefsitzenden psychischen Gefühl der Inzestscheu her. Dies aber reicht aus, damit eine komplexe Struktur emergiert, die sich selbst realisiert.

1.2.4. *Ausfall der Heiratsregeln*

Ohne hier auf die weitere Entwicklung von der funktionellen Endogamie (Verwandtschaftsorganisation, Heiratsregeln) zur modernen Gesellschaft als einer Weltgesellschaft näher eingehen zu können, seien doch einige zentrale Aspekte angedeutet.

Gegen Ende des Mittelalters kommt es zuerst im Okzident zum Ausfall der Heiratsregeln. Es bleibt einzig das Inzesttabu übrig. »Das Inzesttabu von sich aus einhalten und selbst regulieren, wen man heiratet, das autonome Treffen der Partnerwahl, das also, was den archaischen Menschen überfordern würde, ist auf dieser Stufe erreicht. Das Ausfallen der eigentlichen Heiratsregeln bedeutet nämlich: Die nicht-inzestuösen Partner sind die gegengeschlechtlichen Menschen der gesamten Gattung. Dieser Zustand ist heute faktisch da. Aus der Sicht des heiratsfähigen Mannes heißt das: Irgendwann sind die Heiratsregeln entfallen, und er muß von da an von sich aus wählen. Er muß sich eine Heiratsregel bilden, die zum Inzesttabu paßt. Dieses hat zur Bedingung, daß der Heiratspartner – die Frau – kehrseitig genau dasselbe tut, daß die Frau jetzt nicht mehr getauschte, sondern selbst autonome Person ist, die sich austauscht im Sinne der zweckfreien Reziprozität.«[35] Und erst in diesem relativ späten Stadium der Menschheitsgeschichte kommt es zur Gattenbeziehung, das heißt, »die Reziprozität zwischen Gruppen (Verwandtschaftsgruppen) schlägt plötzlich um in eine Reziprozität der Paarbeziehung selbst«.[36]

Vor diesem Hintergrund läßt sich auch die Differenz zwischen Familie und Verwandtschaft bestimmen. Historisch betrachtet tritt die Familie erst aus der Verwandtschaft heraus. »Familie bildet sich um die Gattenbeziehung, um die Reziprozität zwischen den einzelnen Personen. Verwandtschaft hingegen ist die Reziprozität zwischen Kategorien. Frauentausch ist eine Verwandtschaftsoperation, die Gattenbeziehung aber eine Familienoperation, die aus der Verwandtschaft heraustritt.«[37] Von entscheidender Bedeutung ist dabei, daß die ödipale Strukturgesetzlichkeit erst in einem fortgeschrittenen Stadium der Menschheitsgeschichte manifest in Erscheinung tritt,

35 Ebd., S. 94.
36 Ebd.
37 Ebd., S. 96.

obwohl sie mit der Emergenz des Inzesttabus schon am Wirken ist. »Deswegen realisiert sich die ödipale Strukturgesetzlichkeit erst tatsächlich sehr spät, aber faktisch ist sie schon immer am Werk, auf der Makroebene ganz früh beim Inzesttabu.«[38] In unserem Zusammenhang der Grundlegung einer strukturalen Sozialisationstheorie sind dabei die folgenden beiden Aspekte von besonderer Bedeutung und festzuhalten:

Erstens: Die ödipale Strukturgesetzlichkeit ist schon am Beginn der Menschheitsgeschichte bei der Konstitution des Inzesttabus latent wirksam. Insofern können wir sagen, daß sie in latenter oder in manifester Form die Geschichte der Gattung durchzieht.

Zweitens: Es ist davon auszugehen, daß Ansätze der Gattenbeziehung bereits in den archaischen Gesellschaften vorhanden sind. Dies wird evident, wenn man zwischen den Kategorien Verwandtschaft und Familie differenziert. Für die familialen Beziehungen der archaischen Subjekte gilt, daß diese gar nicht denkbar sind ohne die Beteiligung von Emotionen und Affekten. Von dieser Mitte der Lebenspraxis selbst müssen dann die verwandtschaftlichen Regelungen unterschieden werden. »Die Reziprozität zwischen den Gruppen, zwischen den Kategorien ist etwas auf der institutionellen Ebene. Der Alltag, die Konkretion des beobachtbaren Alltags, wie die Leute faktisch miteinander umgehen [Eltern untereinander in der Sphäre der Sexualität, Eltern und Kinder] ist davon zu unterscheiden. Diese Praxis ist eine Praxis, an der natürlich auch für den archaischen Menschen die entscheidenden Emotionen beteiligt sind, die den Mittelpunkt seines Lebens ausmachen, vollkommen unabhängig von den institutionellen Regelungen, von Abstammung und Frauentausch ... Dies ist eine Praxisform, die unterhalb der Ebene der Verwandtschaftsorganisation liegt.«[39]

1.2.5. Die Familialisierung des Vaters

Eine wichtige Komponente beim Übergang von der Natur zur Kultur haben wir noch nicht behandelt: die Familialisierung des Vaters. Es erweist sich allerdings als außerordentlich schwierig, diesen Prozeß zu rekonstruieren.

Werfen wir zunächst einen Blick auf die subhumanen Gattungen der Primaten. Bei den Primaten gibt es den Vater nur als Paarungs-

38 Ebd.
39 Ebd.

partner, aber nicht als Partner auf Lebenszeit in einer stabilen und individuierten Beziehung. Zu bedenken ist dabei wieder, daß wir es auf der Ebene der subhumanen Gattungen mit biogrammatisch programmierten Verhaltensprozessen zu tun haben, die nicht mit den diffusen Sozialbeziehungen von ganzen Personen in Gemeinschaften auf der evolutiven Ebene der humanen Gattung verwechselt werden dürfen. Wie konstituiert sich also die Familialisierung des Vaters, wenn es eine solche Position im Bereich des Subhumanen nicht im eigentlichen Sinne als eine stabile und institutionalisierte gibt? Oevermann hat dazu in einem ersten Versuch eine ebenso kühne wie interessante Hypothese formuliert, in der das Inzesttabu, die ödipale Triade und die Entstehung von Sprache in einen Zusammenhang gebracht werden. Ausgehend von der Evolutionsgeschichte und Biologie formuliert er: »Das Muttertier hat aufgrund der verlängerten Aufzucht des Nachwuchses ein Subsistenzproblem. Die geeignetsten Nahrungsbeschaffer sind die Väter, weil sie mit der Brutpflege nichts zu tun haben. Es entsteht die Frage, wie das Muttertier den Vater dauerhaft binden kann, um so ihr Subsistenzproblem zu lösen. Am einfachsten ist der Vater via Sexualität bindbar. Voraussetzung dafür ist allerdings die Entsaisonalisierung der Paarungsbereitschaft ... Die von der Frau versprochene Reziprozität (Sexualität) wurde aber sogleich durch die zweite Dyade (Mutter und Kind) eingeschränkt, die Eifersucht und Konflikte konstituiert. Um die Konflikte zu überwinden, mußte gleichzeitig mit der Familialisierung des Vaters die Sprache entstehen. Nur durch das mit der Sprache ermöglichte Entwerfen von hypothetischen Welten konnten Konflikte und Ambivalenzen abgebaut werden. Es entsteht ein Folgeproblem. Wie kann verhindert werden, daß die Gatten nach der Familialisierung des Vaters permanent die ›Lusttaste‹ drücken? Das Folgeproblem wird ebenfalls durch Sprache gelöst. Die Sprache gliedert diskursiv die von der Biologie in Permanenz bereitgestellte Sexualität. Das Drücken der ›Lusttaste‹ bedeutet ein Gefangensein im Hier und Jetzt. In der Sprache ist ein Überschreiten des Hier und Jetzt angelegt.«[40] Oevermann betont nachdrücklich, daß es sich hierbei um eine Vermutung handelt. Gleichwohl ist diese Hypothese als gleichsam abduktiver Schluß im Sinne von Ch. S. Peirce von außerordentlichem Interesse, da sie eine in sich schlüssige Verbindung von Inzesttabu, ödipaler Triade, Familialisierung des Vaters und der Entstehung der Sprache so erstmals offeriert. Wie auch immer diese offene Strukturstelle im einzelnen einst ausgefüllt wurde und was zukünftige Forschung dazu möglicherweise noch offenlegt, so steht

40 Ebd., S. 27 f.

doch außer Frage, daß sich »an der Regelung dieser Strukturstelle Gesellschaft entzündet«.[41]

Wie bereits angedeutet, reicht der Prozeß der Familialisierung des Vaters weit in die Menschheitsgeschichte hinein. Eine Stabilisierung der Vaterfigur ist erst erreicht, wenn es zur individuierten Gattenbeziehung kommt. Die Paarbeziehungen in der archaischen Gesellschaft sind noch keine individuierten. Sie sind durch Verwandtschaftsorganisationen standardisiert. Gleichwohl sind in diese »immer schon faktisch ödipale Triaden eingebettet«.[42] Dieser Sachverhalt läßt sich wie folgt charakterisieren. Der Vater muß gegenüber dem Kind zwei Funktionen erfüllen. Er muß einerseits die gesellschaftlichen Normen repräsentieren und andererseits als ganze Person eine affektive Beziehung mit dem Kind unterhalten. Er ist Autoritätsperson und Affektpartner. Diese Funktionen sind zunächst noch – bis es zur stabilen Familialisierung des Vaters kommt – auf verschiedene Personen, den Vater und den Onkel, aufgeteilt. Wenn der Vater die Autoritätsfunktion erfüllt, dann kommt dem Onkel die Aufgabe zu, Affektpartner für das Kind zu sein. Umgekehrt gilt: Wenn der Vater Affektpartner ist, vertritt der Onkel die Autoritätsfunktion. Lévi-Strauss hat diesen Sachverhalt unter Rekurs auf ethnologische Studien von Radcliffe-Brown wie folgt verdeutlicht: »Nach Radcliffe-Brown umfaßt der Ausdruck Avunkulat zwei antithetische Haltungssysteme: in einem Falle stellt der Onkel mütterlicherseits die Autorität der Familie dar; er wird gefürchtet, man gehorcht ihm, er besitzt Rechte auf seinen Neffen; im anderen Falle genießt der Neffe gegenüber seinem Onkel Vorrechte der Vertraulichkeit und kann ihn mehr oder weniger als Opfer behandeln. Zweitens besteht eine Wechselbeziehung zwischen der Haltung gegenüber dem Onkel mütterlicherseits und der Haltung dem Vater gegenüber. In beiden Fällen finden wir die gleichen Haltungssysteme, nur umgekehrt: in den Gruppen, in denen die Beziehung zwischen Vater und Sohn vertraulich ist, ist die zwischen dem Onkel mütterlicherseits und dem Neffen streng; und dort, wo der Vater als strenger Vertreter der Familienautorität auftritt, ist die Behandlung des Onkels freier. Die beiden Gruppen von Haltungen bilden also, wie der Phonologe sagen würde, zwei Gegensatzpaare. Radcliffe-Brown schloß mit dem Vorschlag einer Interpretation des Phänomens: letzten Endes bestimmt die Abstammung den Sinn der Gegensätze. In einem patrilinearen Regime, in dem der Vater und die Sippe des Vaters die traditionelle Autorität vertreten, wird der

41 Ebd., S. 28.
42 Ebd.

Onkel mütterlicherseits wie eine ›männliche Mutter‹ angesehen und im allgemeinen genauso behandelt und zuweilen beim selben Namen gerufen wie die Mutter. Die umgekehrte Situation zeigt sich in einem matrilinearen Regime: dort verkörpert der Onkel mütterlicherseits die Autorität, und die Beziehungen von Zärtlichkeit und Vertraulichkeit verlegen sich auf den Vater und auf seine Sippe.«[43] Für das Kind bedeutet dies: Es hat Teil an zwei ödipalen Triaden. Diese beiden getrennten ödipalen Triaden müssen durch die Familialisierung des Vaters zur Einheit gebracht werden. Erst wenn dies geschehen ist, tritt die ödipale Triade manifest in Erscheinung. Wir haben bereits darauf hingewiesen, daß dies erst gegen Ende des Mittelalters in der Kernfamilie im Okzident der Fall ist.

Wenn die Familialisierung des Vaters stabil geworden ist, wird die ödipale Triade wirkungsmächtiger und dynamischer. Wir können von diesem historischen Zeitpunkt an von einer gesteigerten Kraft und Dynamik der ödipalen Triade reden. »Die Dynamik der ödipalen Triade wird enorm gekräftigt und beschleunigt, wenn der Vater wirklich stabil familialisiert ist. Zunächst ist die Vaterfigur noch … aufgeteilt: eine Person – beispielsweise der Mutter-Bruder – ist der Affektpartner für das Kind, ist also der tendenziell liebevolle und gütige Kumpan, und eine andere Person – der biologische Vater – vertritt die Autorität der gesellschaftlich geltenden Normen. Die beiden Eltern, die später in einer Figur vereinigt sind, schließen sich natürlich tendenziell aus. Wenn der Vater autoritär ist, macht er sich als liebevoller Kumpan unglaubwürdig und umgekehrt. Die Autoritätsfunktion kann übrigens nicht von der Mutter ausgeübt werden. Sie wäre aufgrund der ursprünglichen Symbiose, die sie mit dem Kind hatte, als Autoritätsfigur unglaubwürdig. Sie ist stets primär Affektpartner. Die beiden sich tendenziell widersprechenden Elemente – Affektivität und Autorität – müssen also in der Familialisierung des Vaters zur Synthese gebracht werden. Das ist ein Prozeß, der in der Gesellschaft sehr lange dauert. Die Synthese ist im Grunde genommen erst im Okzident … geleistet worden. Wenn das so lange dauert und vorher die beiden Komponenten auf verschiedene Personen aufgeteilt sind, dann ist vor der Synthese dieser Komponenten die ödipale Triade gleichsam halbiert. Das Kind lebt sozusagen in zwei ödipalen Triaden, einmal mit dem liebevollen und einmal mit dem autoritären Vater. Und dann ist die Dynamik längst nicht so kräftig. Entsprechend ist der Entwicklungs-

43 Lévi-Strauss, *Strukturale Anthropologie,* S. 55. Zu Radcliffe-Brown siehe: Radcliffe-Brown, A. R., »The Mother's Brother in South Africa«, in: *South Africa Journal of Science,* Bd. 21, 1924.

druck nicht so groß. Sobald aber die ödipale Triade manifest ist, in der Form der ausdifferenzierten Kernfamilie, die in sich das Ergebnis eines gesellschaftlichen Rationalisierungsprozesses ist, nimmt die Dynamik enorm zu.«[44]

Unserer Hypothese zufolge »entzündet« sich die menschliche Gesellschaft an der Strukturstelle, an der das Inzesttabu – und damit die Regelung der Geschlechterbeziehungen durch die Familialisierung des Vaters – einsetzt. Dieser Prozeß muß in engem Zusammenhang mit der Entstehung der Sprache stehen, denn ohne Sprache sind die mit den oben genannten Prozessen verbundenen Krisen nicht zu lösen. Erst die Sprache gestattet die Überschreitung des Verhaftetseins im unmittelbaren Hier und Jetzt, den Entwurf von hypothetischen Welten und ermöglicht die diskursive Bearbeitung und Bewältigung von Konflikten und Krisen.

1.2.6. Inzestverbot und ödipale Triade

Es geht nun darum, systematisch den Zusammenhang zwischen dem Inzestverbot und der ödipalen Triade herzustellen. Mit dem Inzestverbot als einem Negativum ist zugleich ein Positivum, das die Regulierung der Geschlechterbeziehungen betrifft, gesetzt. Mit der Heirat von Mann und Frau und der Erzeugung eines Kindes wird eine ödipale Triade konstituiert. Daran ändert auch prinzipiell nichts die zunächst unstabile Vaterfigur. Zwar zerfällt zu Beginn der Menschheitsgeschichte und weit in diese hineinreichend die Einheit der ödipalen Triade (Vater-Mutter-Kind) in zwei ödipale Triaden (Vater/Onkel – Mutter – Kind), doch ist die ödipale Strukturgesetzlichkeit auch in dieser zweigeteilten Form als Transformationsgesetzlichkeit am Werk. Die latente Erscheinungsform der ödipalen Triade geht erst dann in die manifeste über, wenn die beiden aufgeteilten ödipalen Triaden zur Einheit gekommen sind. Dies ist erst der Fall mit der Stabilisierung der Vaterfigur und der Ausdifferenzierung der Kernfamilie (Vater – Mutter – Kind).

Wir können nun eine differenziertere Hypothese des Übergangs von der Natur zur Kultur entwerfen: Er ist Folge des Inzestverbots und der durch dieses konstituierten ödipalen Triade sowie der Entstehung der Sprache, deren Notwendigkeit mit der Regelung der Geschlechterbeziehungen zusammenhängt. »Der Übergang von der Natur zur

44 Oevermann, »Vorlesungen zur Einführung in die soziologische Sozialisationstheorie«, S. 82.

Kultur vollzieht sich mit der Entfaltung der ödipalen Strukturgesetzlichkeit als einer abstrakten, die noch nicht manifest sich zu erkennen gibt in damit kongruenten Gebilden. Die menschliche Sozialität oder Gesellschaftlichkeit beginnt mit den Heirats- und Abstammungsregeln, also mit der Regelung von Beziehungen in genau diesen beiden Dimensionen von diffusen Sozialbeziehungen, worin sie überhaupt vorkommen, nämlich Eltern-Kindschaft (Deszendenz) und Paarbeziehung (Allianz).«[45]

Aber nicht nur für den Übergang von der Natur zur Kultur, sondern auch für die universalgeschichtliche Entwicklung der Menschheit und für die Konstitution des Subjekts in der humanen Ontogenese ist die ödipale Strukturgesetzlichkeit grundlegend. Zu unterscheiden ist daher das Wirken der ödipalen Triade auf den folgenden Ebenen:

a) auf der Ebene des evolutionsgeschichtlichen Übergangs von der Natur zur Kultur;
b) auf der Ebene des universalgeschichtlichen Entwicklungsprozesses der Menschheit;
c) auf der Ebene der sozialen Konstitution des Subjekts in der humanen Ontogenese.

1.3. Erziehung, Erfindung und der Generationenvertrag oder: Das Verhältnis von Geben und Nehmen in der Kultur

Wie ist das Verhältnis von Geben und Nehmen in der Kultur, das in der Erziehung, der Erfindung und dem Generationenvertrag zum Ausdruck kommt, zu bestimmen? In der folgenden Sequenz seiner Studie *Die elementaren Strukturen der Verwandtschaft* nimmt Lévi-Strauss dazu Stellung: »Der Bereich der Natur ist dadurch gekennzeichnet, daß man hier nur gibt, was man erhält. Das Phänomen der Vererbung bringt diese Stetigkeit und Kontinuität zum Ausdruck. Im Bereich der Kultur dagegen erhält das Individuum stets mehr, als es gibt, und gleichzeitig gibt es mehr, als es erhält. Dieses doppelte Ungleichgewicht kommt in den Prozessen der Erziehung und der Erfindung zum Ausdruck, die einander entgegenstehen und beide mit dem Prozeß der Vererbung kontrastieren.«[46] Methodologisch sind hier zunächst die binären Oppositionen, die den Lévi-Strauss'schen Strukturalismus kennzeichnen, von Interesse. Diese binären Gegen-

45 Ebd., S. 84.
46 Lévi-Strauss, *Die elementaren Strukturen der Verwandtschaft,* S. 78.

sätze sind: ›Natur und Kultur‹ und innerhalb des Bereiches der Kultur ›Geben und Nehmen‹, ›mehr nehmen als geben und gleichzeitig mehr geben als nehmen‹ sowie der ›Kontrast dieser beiden zu dem Prozeß der Vererbung‹. Es handelt sich dabei um eine dialektische Verschachtelung binärer Oppositionen. Im Gegensatz zur Natur, in der auf der Ebene subhumaner Gattungen die Weitergabe von Erworbenem in der Regel biogrammatisch durch Einbau in das jeweilige Gattungsprogramm erfolgt und in der die Akte des Gebens und Nehmens durch genetische Determination bzw. die Weitergabe des Biogramms der Gattung die Form der Symmetrie aufweisen, haben wir es in der Sphäre der Kultur mit einer sprachlich vermittelten Tradierung und einer Asymmetrie in der Gegenseitigkeit zu tun, die sich in einem »doppelten Ungleichgewicht« des Gebens und Nehmens in den Bereichen der Erziehung und der Erfindung niederschlägt. In der Erziehung empfangen wir mehr als wir geben, und in der Erfindung geben wir mehr als wir zurückbekommen. An die Stelle der Symmetrie in der Natur tritt demzufolge in der Kultur die Asymmetrie von Geben und Nehmen.

Betrachten wir zunächst die Prozesse von Sozialisation und Erziehung. In diesen wird nicht eine bloße Erbinformation weitergegeben, sondern historisch kumulierte Wissens- und Erfahrungsbestände, die aus den Leistungen vorangegangener Generationen resultieren. Es wird also viel mehr weitergegeben, als der Einzelne je im eigenen Leben aus sich selbst heraus an Wissen und Erfahrung erarbeiten kann. Insofern nimmt er mehr, als er gibt. Sozialisation und Erziehung bedeuten, daß nicht nur die universelle Struktur des Inzesttabus übernommen wird, sondern auch gleichsam eingebettet in diese Struktur historisch kumulierte Wissens- und Erfahrungsbestände. Diese Übernahme geschieht in einem zukunftsoffenen Prozeß, in dem das Neue in das Alte integriert wird, wodurch wiederum ein präziserer Entwurf des Unbekannten möglich ist. Die Verwandlung des Unbekannten in Bekanntes treibt so den historisch kollektiven Prozeß, dessen Ende empirisch sinnvoll nicht angebbar ist, an. Dabei gilt es zu unterscheiden zwischen der *Interiorisierung* der universellen Strukturen einerseits und der *Internalisierung* von historisch kumulierten Wissens- und Erfahrungsbeständen andererseits.

Erfindung heißt, daß das Individuum auf der Grundlage der empfangenen bzw. erworbenen Wissens- und Erfahrungsbestände dann auch in einem spontanen, kreativen und autonomen Akt in der Lage ist, Neues zu produzieren und so das kulturelle Erbe zu bereichern. Insofern ist es Agent eines Innovationsprozesses und als solcher zu Innovationen verpflichtet. Wir können daher mit Bezug auf uns selbst sagen: Vieles von dem, was wir tun, hat nur in geringem Maße eine Bedeutung für uns, sondern vielmehr für zukünftige Generationen. Wir haben es hier mit dem *überzeitlichen Generationenvertrag* zu tun, in den das Individuum schon immer involviert ist, und in dem dem Nehmen das Geben als Verpflichtung gegenübersteht. Insofern kann Lévi-Strauss auch sagen – was die Seite der Erfindung im Gegensatz zu der der Sozialisation und Erziehung angeht –, daß das Individuum mehr gibt, als es empfängt. Dieses Neue kann dann an die späteren Generationen weitergegeben werden. Zugleich werden damit die bereits bestehenden historisch konkreten Rationalitätsbestände verändert; es konstituiert sich Geschichte. Diese Institutionalisierung von Gegenseitigkeit verbindet die Individuen über Generationen hinweg und stellt eine Verpflichtung auf Gegenseitigkeit über Generationen dar. Es ist daher ein Fehler, wenn Sozialität nur in bezug auf eine einzelne Person, auf die Ontogenese oder eine Generation bestimmt wird. Ebenso ist aufgrund der Strukturlogik von Gegenseitigkeit nicht von einem Ruhepunkt, einem Stillstand oder einer endgültigen Harmonie auszugehen. Das Dynamische wird von dieser Strukturlogik des Gebens und Nehmens im Rahmen des Reziprozitätsprinzips selbst erzeugt. Wir haben bereits am Beispiel des Systems des Frauentausches in der archaischen Gesellschaft das Verhältnis von Asymmetrie und Symmetrie kennengelernt. Die Asymmetrie im gegenwärtigen Tauschakt ist dabei strukturell immer bezogen auf einen in der Zukunft sich synthetisch herstellenden Zustand des Ausgleichs, das heißt auf Symmetrie. Gleichwohl gilt dies nur in einem kontrafaktischen Sinne, denn faktisch treffen wir immer auf ein Ungleichgewicht, da mit jeder Symmetrie eine neue Asymmetrie entsteht. Wir können nun den Begriff der Sozialität unter Rekurs auf den *Generationenvertrag* weiter auffüllen und formulieren: *Sozialität* ist eine Reziprozität, die eine gewissermaßen zeitlose und zukunftsoffene wechselseitige Abhängigkeit in der Abfolge der Generationen involviert. Die darin angelegte Asymmetrie von Geben und Nehmen schlägt in der Zeit wieder in Symmetrie um, während die Zeitlosigkeit der Sozialität als universell sich reproduzierende Reziprozität erhalten bleibt.

1.4. Die Entstehung objektiver Strukturen

Wir hatten zu Beginn unserer Erörterungen über das Inzestverbot behauptet, daß dieses nicht Resultat von bewußten Ich-Leistungen der archaischen Subjekte ist. Wie aber kommt dann eine so komplizierte

Struktur, die zudem universalen Charakter hat, zustande? Wie kann diese objektive universale Struktur unabhängig von mentalen Repräsentanzen und subjektiver Intentionalität entstehen? Greifen wir zunächst auf den folgenden Hinweis zurück, den uns Lévi-Strauss zur Beantwortung dieser Fragen gibt. »Gleichzeitig erweist sich die Regel als vorteilhaft für die Individuen, denn indem sie sie zwingt, auf einen begrenzten oder sehr eingeschränkten Teil von unmittelbar verfügbaren Frauen zu verzichten, gibt sie allen das Recht auf eine bestimmte Anzahl von Frauen, deren Verfügbarkeit durch die Macht der Gewohnheit zwar aufgeschoben, deren Zahl theoretisch jedoch so groß wie nur möglich und für alle die gleiche ist. Dem Einwand, daß eine solche Überlegung zu abstrakt und künstlich ist, als daß eine sehr primitive Menschheit sie hätte anstellen können, läßt sich mit dem Hinweis begegnen, daß das Ergebnis, das alleine zählt, keiner formalen Überlegung bedarf, sondern lediglich der spontanen Auflösung psycho-sozialer Spannungen, die unmittelbare Gegebenheiten des gesellschafltichen Lebens sind. In diesen nicht kristallisierten Formen gesellschaftlichen Lebens, deren psychologische Erforschung noch aussteht und die so viele elementare und universale Prozesse aufweisen wie zum Beispiel die spontanen Gemeinschaften, die sich bei zufälligen Ereignissen bilden (bei Bombenangriffen, Erdbeben, in Konzentrationslagern, in Kinderbanden usw.), erkennt man schnell, daß die Wahrnehmung des Neids anderer Leute, die Furcht, gewaltsam um Hab und Gut gebracht zu werden, die Angst, die aus der kollektiven Feindseligkeit erwächst, usw., den Genuß eines Privilegs völlig verderben können. Und zur Erklärung des Verzichts auf ein Privileg braucht man sich nicht unbedingt auf den Eingriff des Kalküls oder der Autorität zu berufen: er kann ganz einfach die Auflösung eines affektiven Konflikts sein, deren Modell schon auf der Stufe des tierischen Lebens zu beobachten ist.«[47] Lévi-Strauss verweist darauf, daß einfache psychische Ausstattungen ausreichen, damit objektive Strukturen emergieren. Es genügt ein Minimum an psychischer Ausstattung, die spontane Auflösung psychosozialer Spannungen, die im Kontext der Verteilung der Frauen entstehen, um objektive Strukturen entstehen zu lassen. Es zeigt sich etwa im Fall psycho-sozialer Konflikte schnell die Bereitschaft, andere teilhaben zu lassen, Reziprozität zu praktizieren. Daraus emergiert dann aber etwas Objektives, Eigenlogisches, von den mentalen Repräsentanzen Unabhängiges, die Beziehungen der Subjekte selbst Strukturierendes, kurz: eine objektive Realität sui generis. Dabei spielt die enorme Strukturierungskraft

47 Lévi-Strauss, *Die elementaren Strukuren der Verwandtschaft,* S. 94 f.

der symbolisch vermittelten und syntaktischen Sprache eine wichtige Rolle. Es reicht daher bei den mit Sprache ausgestatteten Subjekten eine minimale psychische Ausstattung aus, damit komplexe Strukturen, die das Bewußtsein der Akteure weit übersteigen, entstehen und sich reproduzieren können.

1.5. Die basalen geistigen Strukturen der Sozialität

Es ist nun weiter zu klären, was unter den grundlegenden geistigen Strukturen im Lévi-Strauss'schen Strukturalismus verstanden wird. Es sind damit nicht Strukturen eines transzendentalen Subjekts im Sinne der deutschen Bewußtseinsphilosophie und auch nicht mentale Repräsentanzen des Subjekts gemeint. Die geistigen Strukturen beziehen sich auf die objektive Strukturiertheit von Sozialität, liegen also außerhalb des Subjekts und sind Voraussetzungen der Konstitution von Kultur und Lebenspraxis, während die mentalen Strukturen auf der Ebene eines individuellen Bewußtseins Erscheinungsformen der universalen geistigen Strukturen sind. Bezogen auf die Konstitution von Lebenspraxis können wir präzisieren: Die basalen geistigen Strukturen sind objektive universale Strukturgesetzlichkeiten, die das Allgemeine von Lebenspraxis überhaupt erst erzeugen.

Betrachten wir diesen grundlegenden Strukturtypus näher. Lévi-Strauss stellt zunächst die Frage nach den Bestandteilen der geistigen Strukturen. »Worin bestehen die geistigen Strukturen, die wir erwähnt haben und deren Universalität wir glauben annehmen zu können? Uns scheint, es sind ihrer drei: die Notwendigkeit der Regel als Regel; der Begriff der Gegenseitigkeit, der als die unmittelbarste Form betrachtet werden kann, in die sich der Gegensatz zwischen dem Selbst und den Anderen integrieren läßt; und schließlich der synthetische Charakter der Gabe, d.h. die Tatsache, daß die freiwillige Übertragung eines Wertgegenstands von einem Individuum auf ein anderes diese Individuen in Partner verwandelt und dem übertragenen Wertgegenstand eine neue Qualität hinzufügt.«[48] Es werden also drei Komponenten universaler geistiger Strukturen unterschieden:

- Die Regel als Regel.
- Die Gegenseitigkeit.
- Der synthetische Charakter der Gabe.

Diese drei Momente sind nicht als dichotom sich gegenüberstehend und voneinander unabhängig anzusehen. Sie bilden vielmehr die

48 Ebd., S. 148.

Einheit von Sozialität und sind Resultate der Naturgeschichte, nicht der Geschichte. Denn sie sind erst unter der Bedingung des Ausfalls der Biogrammatik und aufgrund der Regelung der Geschlechterbeziehungen im Übergang von der Natur zur Kultur neu entstanden. Mit der Regel als Regel ist die Regelgeleitetheit als Humanspezifikum gemeint, während der Begriff der Gegenseitigkeit sich auf die fundamentale Regel der zweckfreien Reziprozität und damit den Beginn des Human-Sozialen bezieht.

Was meint Lévi-Strauss, wenn er vom »synthetischen Charakter der Gabe« spricht. Am ehesten wird dies verständlich, wenn man am Tauschbegriff ansetzt und den Lévi-Strauss'schen mit dem Marxschen vergleicht. Lévi-Strauss geht vom »Tausch à vide« aus – vom leeren, zweckfreien Tausch und nicht wie Marx von der qualitativen Gebrauchswertdifferenz als Bedingung der Möglichkeit des Vollzugs einer Tauschhandlung, in der sich Tauschwert konstituiert. In dem Marxschen Terminus »Gebrauchswertdifferenz« ist immer schon ein Vorgriff auf ein ökonomisch rationales, instrumentell handelndes Subjekt enthalten. Damit setzt Marx etwas voraus, über dessen Genese er uns keine Auskunft gibt, nämlich: Wie konstituiert sich ein Subjekt, das zu derartigen rationalen ökonomischen Handlungen in der Lage ist? Denn damit ein Subjekt *A* mit einem Subjekt *B* einen differenten Gebrauchswert tauschen kann, muß sich Subjekt *A* in die Perspektive von Subjekt *B* versetzen und aus dessen Perspektive realisieren, daß es den entsprechenden Gebrauchswert wertmäßig gebrauchen kann. Dazu ist eine erste Voraussetzung ein naturwüchsiger, zweckfreier Austauschprozeß, in dem die Individuen lernen, die Perspektive des Anderen zu übernehmen (*taking the role of the other*, Mead). Insofern können wir festhalten: Der Lévi-Strauss'sche Tauschbegriff ist konstitutionstheoretisch und fundamental angelegt, während der Marxsche Tauschbegriff sich auf eine historisch erst später ausdifferenzierte spezifische Form des Tausches, nämlich den rationalen ökonomischen Tausch, bezieht. Lévi-Strauss geht von der Unmittelbarkeit sozialen Austauschs aus. Diese unmittelbaren Reziprozitätsprozesse sind nicht an normative Zwänge und Sanktionen gebunden. Vielmehr verhält es sich umgekehrt: Die historisch konkreten spezifischen Normen setzen zu ihrer Konstitution immer schon den »freiwilligen«, sich wie selbstverständlich herstellenden zweckfreien Austausch als gegeben voraus. Nur in dessen Medium können sie entstehen. Insofern kann Lévi-Strauss dann auch davon reden, daß diese Reziprozität einen »synthetischen Charakter« hat, es sich gleichsam um eine dynamische Synthese handelt, in der Selbst und Anderer sich erst ausdifferenzen, indem sie sich gegenseitig aufeinander beziehen. In einem solchen unmittelbaren, zweckfreien und zugleich normativ zwanglosen Austauschprozeß konstituiert sich erst Subjekthaftes, werden die individuellen Exemplare der Gattung Mensch erst zu Subjekten (Partnern). Durch die Übertragung des Wertgegenstandes entsteht dann eine »neue Qualität«, die nicht im Sinne einer Gebrauchswerthaftigkeit, sondern in dem der Realisierung von Sozialität, gleichsam als Symbol der vollzogenen Sozialität, zu verstehen ist. Anders formuliert: Der Tauschakt stiftet zwischen den Tauschenden ein soziales Band.

Oevermann hat vor dem Hintergrund des Lévi-Strauss'schen Strukturalismus gezeigt, daß der Marxsche Tauschbegriff für eine kategoriale Fundierung sozialen Handelns und damit auch als Grundlage einer strukturalen Sozialisationstheorie nicht ausreicht. »Er [der Marxsche Tauschbegriff] ist, wie das Modell von Tauschverhältnissen, an die Ausgangsbedingung von qualitativer Differenz des den Stoff von Tauschhandlungen bildenden Gebrauchswerts gebunden und damit von vornherein ökonomisch auf eine instrumentelle Motivierung von Tauschhandlungen verengt, ohne daß jener erweiterte Begriff von Sozialität und ihrer objektiven Strukturiertheit zur Verfügung stünde, in dessen Bezugsrahmen die Konstitution der schon immer vorausgesetzten Handlungsfähigkeit von Subjekten einer Tauschhandlung allererst analysierbar wäre.«[49] Oevermann kann sich dabei außerdem auf eigene extensive Analysen von Begrüßungshandlungen, die eine soziale Situation erst eröffnen und damit den Rahmen schaffen, in dem sich Zwecke setzen und realisieren lassen, stützen. Denn: »Die Begrüßungshandlung ist ein schönes Beispiel für jenen umfassenderen Typ von Austauschbeziehungen, die nicht auf qualitative Gebrauchswertdifferenz angewiesen sind: für die ausgetauschten einzelnen Begrüßungshandlungen ist geradezu wesentlich, daß sie gleichwertig *und* gleichartig sind. Ähnlich wie in archaischen Gesellschaften bei der Heirat die beiden in Beziehung zueinander tretenden Verwandtschaften häufig vom Gebrauchswert her vollkommen gleichartige Gegenstände austauschen, reproduziert eine Begrüßungsinteraktion die Strukturiertheit von *Sozialität als solcher* und erzeugt oder reproduziert gerade dadurch erst jene Subjektivität, die ihrerseits von einer spezifischen Form rational-instrumenteller, durch Gebrauchswertdifferenz stofflich motivierter Tauschhandlung schon immer vorausgesetzt wird. Man kann auch sagen: die Begrüßungshandlung reproduziert die elementare Strukturiertheit von Sozialität, ihre Reziprozität, à vide, zweckfrei. Sie erzeugt damit, in sich zweck-

49 Oevermann, »Zur Sache«, S. 238.

frei, jenen strukturellen Rahmen, innerhalb dessen die Setzung und Realisierung von Zwecken erst möglich ist, durch die sich ihrerseits die Individuierung von Subjekten erst vollzieht.«[50]

Kommen wir auf Lévi-Strauss zurück. Das von ihm Gemeinte läßt sich weiter am Begriff des »totalen Tausches« und unter Rekurs auf M. Mauss' Kategorie der »totalen sozialen Tatsache« verdeutlichten. Am Beispiel des Austausches von Waren in den archaischen Gesellschaften zeigt Lévi-Strauss, daß diese Tauschakte für keinen der jeweiligen Tauschpartner einen ökonomischen Nutzen haben. Es werden mitunter die gleichen Waren getauscht. Was ist das Interessante an diesen Tauschakten? Es ist die Strukturgesetzlichkeit, die ihnen zugrunde liegt. Diese besteht in der Erzeugung von Reziprozität, in der Schaffung von sozialen Beziehungen. Durch den Austausch von Waren bzw. Gütern stellen sich soziale Beziehungen, Verflechtungen und Abhängigkeiten her. »Überall finden wir implizit oder explizit die doppelte Annahme, daß die gegenseitigen Geschenke einen – je nach der Gruppe normalen oder privilegierten – Modus der Übertragung von Gütern, oder bestimmten Gütern, bilden; und daß diese Geschenke nicht hauptsächlich oder jedenfalls nicht in erster Linie zu dem Zweck angeboten werden, einen Nutzen oder ökonomische Vorteile daraus zu ziehen.«[51]

Bei diesen Tauschakten haben wir es – wie M. Mauss in *Die Gabe* gezeigt hat – mit einer totalen sozialen Tatsache *(fait social total)* zu tun. Das heißt, der Tauschakt hat eine Bedeutung, die sich auf die Totalität des Sozialen bezieht. Er hat gleichsam soziale, religiöse, magische, ökonomische, utilitäre, sentimentale, juristische und moralische Bedeutung. »Die Güter sind nicht nur ökonomische Werte, sondern Träger und Instrumente von Realitäten ganz anderer Art: Stärke, Macht, Sympathie, Status, Emotion ...«[52] Der Tausch umfaßt in der

50 Ebd.

51 Lévi-Strauss, *Strukturale Anthropologie,* S. 109. Lévi-Strauss bezieht sich dabei u. a. auf die Untersuchungen Turners über die Kultur Samoas. »Nach den Geburtszeremonien«, schreibt Turner über die verfeinerte Kultur von Samoa, »wenn die Ehegatten die *oloa* und die *tonga* erhalten und erwidert hatten, waren sie nicht reicher als zuvor ...«. Ebenso bemerkt Hogbin: »Tatsächlich sind die ausgetauschten Geschenke zuweilen von genau gleicher Art. So kann es vorkommen, daß ein Ballen Flechtwerk, der zeremoniell überreicht wurde, durch einen Ballen gleicher Art und gleicher Größe mit genau demselben Zeremoniell erstattet werden muß. Ebenso wird ein geschenktes Nahrungsmittelpaket mit einem Gegengeschenk beantwortet, das aus genau dem gleichen Paket mit der gleichen Nahrung besteht, die nach gleichem Rezept zubereitet wurde.« (Ebd., S. 109.)

52 Ebd., S. 109 f.

archaischen Gesellschaft »Nahrungsmittel, hergestellte Gegenstände sowie die Kategorie der kostbarsten Güter, nämlich die Frauen«.[53] Sie stellen das kostbarste Gut dar. Es sind nicht nur die beiden Heiratspartner, die Reziprozität erzeugen, sondern es ist die ganze Gruppe, die daran interessiert ist, sich durch Heiraten auszutauschen, von den gegenseitigen Gaben zu profitieren und ihre gesellschaftlichen Kontakte auszuweiten.

Gehen wir auf eine weitere wichtige Bedeutung dieser drei Momente, die die Einheit von Sozialität ausmachen, ein. Struktural betrachtet ist darin das Prinzip einer ursprünglichen Gleichheit angelegt, die aber zugleich schon auf den anderen Pol, den der Ungleichheit, verweist. In der ursprünglichen Form der Gleichheit sind immer schon die Pole von Solidarität und Rivalität enthalten. Für jeden sozialen Austauschprozeß sind diese beiden Momente konstitutiv. Auch da, wo in sozialen Handlungen nur ein Aspekt, der der Solidarität oder der der Rivalität, dominiert, ist deren Grundlage mitzubedenken: das Prinzip der Gegenseitigkeit, das immer schon beide Aspekte impliziert. Insofern zeigt sich auf der Basis der Sozialität das dialektische Verhältnis von Solidarität und Rivalität: So wie es einerseits keine reine Form von Solidarität gibt, so gibt es andererseits keine reine Form von Rivalität. Beiden haftet ihr gegensätzliches Moment immer schon an.

1.6. Die Konstruktion von Gegensätzen

Wir haben bereits auf die Bedeutung der Konstruktion von Gegensätzen im Lévi-Strauss'schen Strukturalismus aufmerksam gemacht. Gehen wir nun näher auf das Denken in Gegensätzen ein. Lévi-Strauss setzt bei der Erörterung dieses Sachverhaltes bei dem Problem des Übergangs von der Natur zur Kultur an und stellt fest: »Aber wenn es zutrifft – wie wir hier nachzuweisen versuchen –, daß der Übergang vom Naturzustand zum Kulturzustand sich durch die Fähigkeit des Menschen definiert, die biologischen Beziehungen in Form von Gegensatzsystemen zu denken: Gegensatz zwischen den besitzenden Männern und den angeeigneten Frauen; Gegensatz unter diesen letzteren zwischen den Gattinnen, erworbenen Frauen, und den Schwestern und Töchtern, abgetretenen Frauen; Gegensatz zwischen zwei Arten von Bindungen, denen durch Heirat und denen durch Verwandtschaft; Gegensatz innerhalb der Abstammungsgruppen zwischen den auf-

53 Ebd., S. 118.

einanderfolgenden Reihen (die aus Individuen desselben Geschlechts bestehen) und den alternierenden Reihen (in denen das Geschlecht beim Übergang von einem Individuum zum nächsten wechselt); und wenn es schließlich zutrifft, daß der Tausch das unmittelbare Ergebnis dieser Gegensatzpaare ist und die Dichotomie der Cousins das Spiegelbild des Tausches ist, dann wird man zwar nicht sagen können, daß ›die menschlichen Gemeinschaften die Tendenz haben, automatisch und unbewußt nach strengen mathematischen Regeln in absolut symmetrische Elemente zu zerfallen‹, aber man wird vielleicht einräumen müssen, daß die Dualität, die Alternanz, der Gegensatz und die Symmetrie, ob sie sich nun in genau umrissenen oder in verschwommenen Formen zeigen, nicht so sehr Phänomene sind, die es zu erklären gilt, als vielmehr die fundamentalen und unmittelbaren Gegebenheiten der geistigen und sozialen Realität, und daß man in ihnen die Ausgangspunkte jeglichen Erklärungsversuchs zu sehen hat.«[54] Für den Übergang vom Natur- zum Kulturzustand sind die elementaren Strukturen des Geistes entscheidend, also die Regel als Regel, das Prinzip der Gegenseitigkeit und der synthetische Charakter der Gabe. Diese konstituieren erst die Bewußtseinsstrukturen. Der erste Satz dieser Sequenz ist also nicht so zu verstehen, daß hier ein rational planendes Bewußtsein am Werk gewesen wäre. Der Übergang von Natur zur Kultur vollzieht sich vielmehr wesentlich durch die Lösung des Inzestproblems, das zu jenen objektiven Strukturierungsgesetzlichkeiten der Sozialität führt. Dabei gilt, daß die Menschheitsgeschichte in die Naturgeschichte eingebettet zu denken ist. Wenn dies aber so ist, dann folgt daraus, daß konkret-historische Ausformungen nur erklärt werden können, wenn zuvor das Universale, das heißt die universalen objektiven Strukturierungsgesetzlichkeiten dechiffriert wurden. Das bedeutet nun nichts anderes, als daß Sozialität als zweckfrei sich reproduzierende Reziprozität in ihrer Universalität und mit ihren Implikationen die fundamentale und unmittelbare Gegebenheit darstellt, gleichsam der Ausgangspunkt jeglicher Erklärungen von historischer Variabilität und kulturellen Differenzen. Lévi-Strauss gibt uns hier eine hervorragende Einführung in die strukturale Methode, für die das Verhältnis von Universalität und Historizität sowie binäre Oppositionen grundlegend sind.

Die Gesetzlichkeiten der Reziprozität, der Dualität, des Gegensatzes usw. sind als gegeben und als Operationsgrundlage vorauszusetzen, wenn es um die Erklärung historisch konkreter sozialer Phänomene geht.

54 Ebd., S. 215.

1.7. Das Inzesttabu und die Entstehung des Neuen – Mit einem Rekurs auf J. R. Searles Sprechakttheorie

Um den Zusammenhang zwischen dem Inzesttabu und der Entstehung von Neuem noch näher zu betrachten, ist zunächst auf das Problem der Fortpflanzungsarten einzugehen und zwischen der klonalen Reproduktion und der sexuellen Reproduktion zu differenzieren. Die klonale Reproduktion stellt die ungeschlechtliche Fortpflanzung dar; sie beruht auf der diploiden Teilung der Chromosomensätze. Insofern werden durch sie immer nur Kopien weitergereicht. »Die Gattungen mit klonaler Reproduktion pflanzen sich ... konservativ fort. Aufgrund der diploiden Teilung der Chromosomensätze bewahren sie zwar zuverlässig das bis dahin Bewährte, haben aber nur ganz geringe Chancen, sich neben negativen auch positive Veränderungen ihres Genoms selbst zu erzeugen. Sie gehen gewissermaßen auf Nummer ›Sicher‹ und bleiben bei dem einmal Bewährten stehen. Die Generationenfolge ist bei ihnen nicht mehr als das Resultat einer vollständigen Kopie des einheitlichen Elternexemplars, also das Resultat einer Autopoiesis, ...«[55] Gegenüber der klonalen Reproduktion hat die sexuelle Reproduktion zwar einerseits Selektionsnachteile (erforderlich ist die doppelte Anzahl an Elternpaaren für dieselbe Anzahl von Nachkommen; Steigerung des Risikos der unpassenden Zusammenfügung von Allelen durch die Phase der haploiden Teilung der Chromosomen), aber andererseits einen entscheidenden Selektionsvorteil: Gattungen mit sexueller Reproduktion produzieren »mehr Variation und Pluralität, also endogen mehr Neues, so daß sie sich geschmeidiger an ihre Umwelt und deren Veränderungen anpassen.«[56] Die Gattungen mit sexueller Reproduktion erzeugen genuin Neues, bisher Unbekanntes, »das sich in der Zukunft der Selektion positiv bewähren kann, so daß dadurch die Gattung sich vergleichsweise schnell in wirksamer Anpassung transformieren kann«.[57] Dieser Vergleich von klonaler Reproduktion und sexueller Reproduktion zeigt, daß nur letztere im Evolutionsprozeß systematisch Neues erzeugt. Dabei steht nicht von vorneherein fest, ob das Neue in irgendeiner Weise weiterführt, etwas Positives oder Negatives ist. Dies zeigt erst der Bewährungsprozeß, dem es ausgesetzt ist. »Etwas Neues wird krisenhaft angeboten und es ist keineswegs ausgemacht, ob es etwas taugen wird oder nicht, aber es öffnet eine Zukunft dadurch, daß es eine Möglichkeit verkörpert.

55 Oevermann, »Die Soziologie der Generationenbeziehungen«, S. 81.
56 Ebd.
57 Ebd.

In einem längeren Prozeß der Bewährung wird sich herausstellen, ob es brauchbar sein wird oder nicht. Wenn es sich bewährt, verdrängt es das bis dahin Bestehende.«[58]

Was hat dies nun mit dem Inzestverbot zu tun? Welchen Zusammenhang gibt es zwischen dem Inzesttabu und der Entstehung des Neuen? Gehen wir von der aufgewiesenen Tatsache aus, daß nicht durch die klonale Reproduktion, sondern erst durch die sexuelle Reproduktion qua Rekombination des Genoms von zwei unabhängigen Elternexemplaren permanent Neues erzeugt wird, so wird auch die Bedeutung, die das Inzesttabu in diesem Kontext spielt, sichtbar. Die Rekombinationsmöglichkeiten eines Gattungs-Genoms werden erst dann möglichst breit ausgeschöpft, und damit die Potentialität der Emergenz von genuin Neuem gesteigert, wenn unerwartete Paarungen zustandekommen. Dazu leistet das Inzestverbot den entscheidenden Beitrag, indem es inzestuöse Paarungen verhindert und nicht-inzestuöse Paarungen gebietet. Insofern ist das Inzesttabu auch bezüglich der Emergenz des Neuen zu deuten. »Jener Erneuerungsmechanismus wird nämlich um so wirksamer betätigt, je mehr unerwartete Paarungen zustandekommen, je stärker die Rekombinationsmöglichkeiten in einem Gattungs-Genom auch genutzt werden. Dazu reicht die anatomische Voraussetzung für eine biparentale Fortpflanzung noch nicht aus. Denn sie allein würde nicht der naheliegenden Regel entgehen: Warum denn in die Ferne schweifen, wenn das Gute liegt so nahe, und entsprechend würde die tatsächliche Paarung überzufällig häufig zwischen inzestuösen Partnern stattfinden und damit die Rekombinationsmöglichkeiten erheblich einschränken. Die Evolution muß also, um dieses ›konservative Loch‹ der Bequemlichkeit zu stopfen, etwas erfinden, was wie ein Inzest-Tabu wirkt. Auf der Ebene der ›höheren‹ Gattungen ist sie mit der Errichtung von Barrieren gegen den Mutter-Sohn-Inzest vergleichsweise erfolgreich, aber der Vater-Tochter-Inzest wird kaum verhindert. Erst in der Gattung Mensch wird durch die vollständige Familialisierung des Vaters, die ihrerseits in der Menschheitsgeschichte lange sich unter großen Schwierigkeiten entfalten mußte und mit der Entstehung der Kultur keineswegs fertig entwickelt vorlag, in der Vervollständigung der ödipalen Triade auch das Inzest-Tabu einschließlich des Vater-Tochter-Inzest-Verbots komplettiert und stabilisiert.«[59]

Der bereits mit der sexuellen Reproduktion vorliegende Mechanismus der Erzeugung von Neuem erfährt gleichsam eine Steigerung

58 Ebd., S. 82.
59 Ebd., S. 82 f.

durch das Inzesttabu. Bezogen auf die humane Gattung bedeutet dies: Mit dem Verbot der inzestuösen Paarung, dem auf seiner Kehrseite das Gebot einer nicht-inzestuösen Paarung gegenübersteht, wird die Potentialität der Entstehung des Neuen gesteigert. Die sexuelle Reproduktion und das Inzesttabu lassen Neues emergieren, bevor überhaupt weitere Mechanismen der Erzeugung des Neuen auf ontogenetischer Ebene hinzutreten. »Kommt also das Inzest-Tabu wirksam hinzu, dann liegt mit der sexuellen Reproduktion ein einfacher, basaler Mechanismus der Erzeugung des Neuen und damit der Öffnung von Zukunft vor. Wir können das noch weiter generieren und sagen: Die wesentliche Quelle für die systematische Erzeugung des Neuen besteht in der Naturgeschichte in der sexuellen Paarung, durch die sich die Rekombination des Genoms vollzieht und in dem Maße ihre Möglichkeiten der Erzeugung des bis dahin noch nicht Dagewesenen nutzt, in dem Partner aus einer möglichst großen Grundgesamtheit sich unwahrscheinlich paaren. Dieser auf die Rekombination des Genoms beschränkte Mechanismus der systematischen Erzeugung des Neuen durch sexuelle Paarung gilt natürlich ebenso für die Gattung Mensch und sollte nicht unterschätzt werden. Alles spricht dafür, daß er durch die zunehmende Vergesellschaftung und durch Globalisierung in der Form der Vergesellschaftung amplifiziert wird.«[60] Die sexuelle Paarung und das Inzesttabu schaffen die Basis für die weitere Steigerung der Erzeugung von Neuem in der humanen Ontogenese. In dieser kommen zwei Faktoren hinzu. Zum einen die Rekonstruktionsleistungen des Subjekts bezüglich der objektiven latenten Sinnstrukturen der sozialisatorischen Interaktion, an denen sie partizipieren, und zum anderen die Rekombination der sozio-kulturellen Lebenswelten der jeweiligen Partner, die zu neuen Lebenswelten und damit neuen sozialisatorischen Milieus führen. Die Entstehung des Neuen läßt sich vor diesem Hintergrund in ein Hierarchisierungsmodell eintragen. Dabei gilt, daß die naturgeschichtliche Ebene (sexuelle Reproduktion) die grundlegende ist, an die sich die Emergenz von Neuem auf der Ebene der humanen Ontogenese (u. a. bedingt durch die Rekombination der sozio-kulturellen Lebenswelten der Partner) anschließt.

Nicht nur der Entwurf eines Hierarchisierungsmodells, sondern auch der Rekurs auf die moderne Sprechakttheorie verhilft uns zu einem besseren Verständnis des Mechanismus der Entstehung des Neuen. So unterscheidet der Sprechakttheoretiker J.R. Searle zwei Formen von Regeln, und zwar die regulativen und die konstitutiven.

60 Ebd., S. 83.

Er definiert die regulativen Regeln wie folgt. »Regulative Regeln können wir zunächst als Regeln charakterisieren, die bereits bestehende oder unabhängig von ihnen existierende Verhaltensformen regeln – zum Beispiel regeln viele Anstandsregeln zwischenmenschliche Beziehungen, die unabhängig von jenen Regeln existieren.«[61] Die regulative Regel ist eine Regel, die außerhalb der Regel bereits empirisch existiert. Davon sind die konstitutiven Regeln zu unterscheiden. »Konstitutive Regeln dagegen regeln nicht nur, sondern erzeugen oder prägen auch neue Formen des Verhaltens. Die Regeln für Fußball oder Schach zum Beispiel regeln nicht bloß das Fußball- oder Schachspiel, sondern sie schaffen überhaupt erst die Möglichkeit, solche Spiele zu spielen. Die Handlungen beim Fußball- oder Schachspiel sind dadurch konstituiert, daß sie in Übereinstimmung mit (zumindest dem größeren Teil der) entsprechenden Regeln ausgeführt werden.«[62] Die konstitutive Regel ist eine Regel, die das, was sie reguliert, als Tatbestand überhaupt erst erzeugt. Rekurrieren wir auf das von Searle angeführte Beispiel des Schachspiels. Erst die Regeln konstituieren das Schachspiel als einen sozialen Tatbestand. Außerhalb dieser Regeln würde das Schachspiel nicht existieren.

Searle beschreibt den Unterschied zwischen regulativen und konstitutiven Regeln komprimiert wie folgt: »Regulative Regeln regeln eine bereits existierende Tätigkeit, eine Tätigkeit, deren Vorhandensein von den Regeln unabhängig ist. Konstitutive Regeln konstituieren (und regeln damit) eine Tätigkeit, deren Verhandensein von den Regeln logisch abhängig ist.«[63] Nun sind in unserem Kontext nicht die regulativen Regeln, sondern die konsitutiven Regeln von Interesse. Warum? Weil dies Regeln sind, die neue Realitäten schaffen. »Die Aufstellung konstitutiver Regeln schafft die Möglichkeit neuer Verhaltensformen.«[64] Dies gilt für die humane Gattungsgeschichte wie für die Lebensgeschichte eines Individuums gleichermaßen. Die konstitutive Regel kann angegeben und zum Gegenstand der Reflexion und Kritik gemacht werden. Mit dem evolutionsgeschichtlichen Novum der konstitutiven Regel können neue Tatsachen geschaffen werden. Damit ist zugleich die Zukunftsoffenheit von Geschichte und Lebenspraxis verbunden. Auf unsere Problematik übertragen bedeutet dies: Erst das Inzesttabu als im Lévi-Strauss'schen Sinne »*der* Eingriff schlechthin«, als eine regelgeleitete Intervention in Na-

61 Searle, *Sprechakte*, S. 54.
62 Ebd.
63 Ebd., S. 54 f.
64 Ebd., S. 56.

tur konstituiert eine neue Realität. Es leistet die Verhinderung von Inzestheiraten und gebietet das Nach-Außen-Heiraten, regelt also die Geschlechterbeziehungen. Aber bei diesem Anlaß emergiert noch viel mehr und Entscheidendes: Es konstituiert sich Gegenseitigkeit. Gegenseitigkeit aber im Sinne der Reziprozitätsregel ist die Grundregel der konstitutiven Regeln (Oevermann). Sie operiert im Sinne eines rekursiven Algorithmus. Denn sie und keine andere ist die Basis für die Selbsterzeugung und Transformation von Strukturen auf der gattungsgeschichtlichen Ebene.

1.8. Resultate und Kritik

Ziel der Rekonstruktion des Lévi-Strauss'schen Strukturalismus war die Gewinnung eines objektiven Strukturbegriffs für die strukturale Sozialisationstheorie. Dieser Strukturbegriff konnte nicht einfach von der Ebene von Bewußtseinsstrukturen bzw. Strukturen des Psychischen oder von der Ebene biologischer Substrate bzw. der außersozialen Objektwelt abgeleitet werden. Er muß die mit diesen Ebenen verbundenen Reduktionismen vermeiden. Vor diesem Hintergrund konnten wir ihn als ein Drittes in Form der Sozialität als zweckfrei sich reproduzierender Reziprozität bestimmen. Es zeigte sich, daß dieser Strukturbegriff erst durch die Rekonstruktion des Inzestverbotes als dem entscheidenden Transformationsschritt von Natur in Kultur zu gewinnen war. Diese Form von Sozialität ist die Basisstruktur der menschlichen Gesellschaft, der Kultur und der Lebenspraxis.

Dabei stellt sich von Beginn an das Problem der Bestimmung des Verhältnisses zwischen dieser universalen Grundstruktur und den historisch-spezifischen Ausdrucksformen und kulturellen Varianten und Differenzen. Damit wird die Dialektik von Universalität und Historizität thematisch. Wir werden darauf gesondert eingehen, können aber hier schon vier Aspekte bezüglich der Bestimmung der Kategorie der Sozialität systematisch zusammenfassen:

Erstens: Die die Menschheitsgeschichte erst eröffnende Sozialität sui generis ist als in die Naturgeschichte bzw. den Übergang von Natur zu Kultur eingebettet zu denken.

Zweitens: Die Sozialität als zweckfrei sich reproduzierende Reziprozität ist die kleinste analytische Einheit, die konstitutionslogisch den human-sozialen Phänomenen zugrundeliegt.

Drittens: Die Sozialität als abstrakt-formale universale objektive Strukturierungsgesetzlichkeit ist die Basis, um konkrete historisch-gesellschaftlich spezifische Ausformungen überhaupt erklären zu können.

Viertens: Diese universale Form der Sozialität ist grundlegend, wenn es um die Erklärung der Entstehung der Konstitution des handlungs- und sprachfähigen Subjekts in der Ontogenese geht.

Wir werden darauf explizit eingehen.[65] Vorgreifend sei jedoch schon auf einen wichtigen Zusammenhang, den von Sozialität, Inzesttabu und ödipaler Triade, verwiesen. So hat die mißlingende Verinnerlichung des Inzesttabus in der ödipalen Triade fatale Folgen für das Individuum. Es kann dann – ob es will oder nicht – das ganz abstrakte zweckfrei sich reproduzierende rekursiv algorithmisch operierende Reziprozitätsprinzip, das am Beginn der Kultur steht und diese erst ermöglicht, in seiner Lebenspraxis nicht in Gang setzen bzw. realisieren. Diese objektive Strukturierungsgesetzlichkeit aber muß real in der Praxis operieren, wenn das Individuum einen adäquaten Anschluß an das Soziale und die menschliche Kommunikation finden und sich Individuierung vollziehen soll. Das Reziprozitätsprinzip ist strukturale Voraussetzung von Kommunikation. Im übrigen dürfte hier eines der tiefsten Motive für Kommunikations- und Identitätsstörungen liegen.

Der gewonnene Sozialitätsbegriff liefert zugleich eine wichtige Grundlage zum Verständnis und zur Begründung des Generationenvertrages. Er erlaubt es, die Dialektik der faktischen Asymmetrie und der kontrafaktisch geltenden Symmetrie von Geben und Nehmen in der Kultur zu erfassen. Dabei gilt, daß in dieser widersprüchlichen Einheit von Geben und Nehmen, von Gläubiger und Schuldner im Rahmen des universalen Reziprozitätsprinzips in der Zeit eine nicht stillstellbare Dynamik erzeugt wird. Insofern stellt Sozialität eine Verpflichtung auf Gegenseitigkeit über Generationen dar und begründet den Generationenvertrag. Ebenso ist die Bedeutung des Inzesttabus für die Entstehung des Neuen herausgearbeitet und unter Rekurs auf die Sprechakttheorie von J. R. Searle und deren Kategorie der konstitutiven Regel weiter verdeutlicht worden.

Wir werden auf die Problematik des Grundbegriffs der Sozialität und der Dialektik von Universalität und Historizität wieder eingehen und dabei Ergänzungen vornehmen müssen, die vor allem eine schärfere Fassung von Sozialität vor dem Hintergrund der modernen Kompetenztheorien und die Einordnung dieser Basisstruktur in eine Architektonik von universalen Strukturen betreffen.

65 Siehe Wagner, *Krise und Sozialisation. Strukturale Sozialisationstheorie II.*

Kritik

Lévi-Strauss orientiert sich in seinem methodischen Vorgehen an der Wissenschaftstheorie der Naturwissenschaften. Damit gelingt ihm Erstaunliches. Er kann die logische Architektur von objektiven Strukturen des Unbewußten offenlegen, die der historischen Entwicklung unterliegen und kann nachweisen, daß letztere nicht der bloßen Willkür ausgesetzt ist. Lévi-Strauss verteidigt seine Algebra der sozialen Beziehungen wie folgt: »Wenn man dagegen übereinkommt, eine Unterscheidung zwischen den empirischen Beobachtungen und den Symbolen zu treffen, durch die man sie ersetzt, dann ist nicht einzusehen, warum die algebraische Behandlung dieser Symbole – z.B. derjenigen, welche Heiratsregeln ausdrücken – uns nicht sehr viel darüber mitteilen könnte – unter der Voraussetzung, daß man sie korrekt manipuliert –, wie ein Heiratssystem funktioniert, denn sie bringt Eigenschaften ans Licht, die der Beobachtung nicht unmittelbar zugänglich waren. Sicherlich muß die Erfahrung stets das letzte Wort behalten. Doch die vom Verstand beratene und gelenkte Erfahrung ist nicht dieselbe wie die zu Beginn gegebene nackte Erfahrung: diese bleibt stets irreduzierbar auf die Analyse, die sie zu überschreiten sucht. Der endgültige Beweis, daß die Materie eine molekulare Struktur hat, liegt im Elektronenmikroskop, dessen Okular reale Moleküle sehen läßt; aber deshalb werden die Moleküle für das bloße Auge dennoch nicht sichtbar. Wir können nicht mehr von der strukturalen Analyse erwarten, als daß sie die Art und Weise verändert, auf die wir die sozialen Beziehungen begreifen, so wie sie sich konkret zeigen: sie ermöglicht es nur, sie besser zu verstehen. Und wenn es uns gelingt, ihre Struktur zu erfassen, so niemals auf der empirischen Ebene, wo sie zunächst erschienen sind, sondern auf der tieferen Ebene, die bisher verborgen geblieben war: auf der der unbewußten Kategorien, auf die zu stoßen man hoffen darf, wenn man Bereiche einander annähert, die auf den ersten Blick keinerlei Beziehungen zueinander zu haben scheinen.«[66]

Lévi-Strauss' strukturale Methode enthält eine Reihe von Elementen, die eine unreflektierte Anwendung des naturwissenschaftlichen Methodenarsenals auf soziale Phänomene sprengen. Gleichwohl weist die strukturale Methode Defizite auf, die u.a. den Gesetzes- und Sinnbegriff sowie das Verfahren der Rekonstruktion selbst betreffen.

66 Lévi-Strauss, »Sinn und Gebrauch des Modellbegriffs«, in: ders., *Strukturale Anthropologie*, Bd. 2, S. 97 f.

Notwendig ist daher eine ausdifferenzierte strukturerschließende Methode der Fallrekonstruktion und ein neuer Modellbegriff. Denn: »Selbst der Strukturalismus in der reifen Version der Theorien von Lévi-Strauss ... kennt noch nicht eine explizite Methodik der Fallrekonstruktion und auch nicht einen Modellbegriff, der sich auf Gesetzlichkeiten bezöge, die real historisch konkrete Fallstrukturen erzeugen. Vielmehr bedient sich Lévi-Strauss noch explizit des Modellbegriffs der an den Naturwissenschaften orientierten Wissenschaftstheorie.«[67] Eine explizite Methode der Fallrekonstruktion muß in der Lage sein, nicht nur das Allgemeine, das heißt in diesem Falle die univerale Strukturierungsgesetzlicheit der Reziprozität und ihre historischen Ausformungen, sondern auch das Besondere, Nicht-Identische, Subjektive zu dechiffrieren.

67 Oevermann, »Die Methode der Fallrekonstruktion ...«, S. 122, Fußnote

2. George Herbert Meads pragmatistische Theorie der Naturgeschichte und Sozialität – Zugleich eine Erweiterung im Lichte neuerer Erkenntnisse

Im folgenden soll das Konzept der Sozialität weiter fundiert werden. Wir stützten uns dabei auf den pragmatistisch-naturalistischen Ansatz George Herbert Meads. In diesem finden wir nicht nur eine Theorie der humanen Ontogenese, sondern auch eine dieser vorgelagerte Theorie der Naturgeschichte, in der der Übergang von der Natur zur Kultur unter dem Aspekt der Sozialität zentral thematisch ist. Dabei rekonstruiert Mead Dimensionen der Naturgeschichte und Sozialität, die bei Lévi-Strauss nicht oder nur am Rande behandelt werden, die aber gleichwohl wichtig sind, wenn es um die Nachzeichnung des Übergangs von Natur zu Kultur geht. In den folgenden Fragen spiegelt sich dies wider: Wie transformiert sich Natur in Kultur unter dem Aspekt von Kommunikation und Sprache? Was sind die naturgeschichtlichen Vorläufer des menschlichen Geistes und der Vernunft?[1] Dabei werden im einzelnen behandelt: Sozialer Akt, Haltung, Geste, vokale Geste, Perspektivenübernahme, Sinn, Zeit, die objektive Realität von Perspektiven und Sozialität. Zugleich erfolgt durch die

1 Ich schließe mich hier nicht nur Mead, sondern auch Oevermann an, der in seiner strukturalen Rekonstruktion der Meadschen Theorie die analytisch getrennte Behandlung der Theoriestränge der Naturgeschichte und der humanen Ontogenese fordert – dies auch in Auseinandersetzung mit Habermas' *Theorie des kommunikativen Handelns*, in der diese Differenzierung gerade nicht erfolgt. Oevermann sieht darin einen Kategorienfehler der Habermasschen Kommunikationstheorie. Denn, so seine Kritik: »In der *Theorie des kommunikativen Handelns*, in der Habermas der Rekonstruktion der Meadschen Theorie ja ein eigenes Kapitel widmet, wird gar nicht gesehen, daß man beide Theoriestränge getrennt halten muß, und das kommt besonders sinnfällig darin zum Ausdruck, daß Habermas glaubt, die Meadsche Theorie in ihrer Architektonik analog zu einem Fall aus der Spracherwerbstheorie, nämlich der Entwicklung vom Ein-Wort-Satz zum kompletten Mehrwort-Satz über die verschiedenen Stufen der Erweiterung nachzeichnen zu können. Und das ist nun etwas, was weder für die Meadsche Theorie des Übergangs von der Natur zur Kultur noch für die Meadsche Theorie der Ontogenese zutrifft. Und alle weiteren Fehler in der Habermasschen Rezeption Meads kann man letzten Endes aus diesem verfehlten Ansatz erklären.« (U. Oevermann, »Vorlesungen zur Einleitung in die soziologische Sozialisationstheorie«, S. 130.)

strukturale Rekonstruktion der Meadschen Konzeption und die Heranziehung von Erkenntnissen aus anderen Wissenschaftsdiziplinen wie der vergleichenden Ethologie und den Neurowissenschaften eine Erweiterung bzw. Fortsetzung der Meadschen Theorie.

2.1. Der soziale Akt

Im Evolutionsprozeß treten soziale Akte erst auf der Ebene tierischer und menschlicher Sozietäten auf. Mead betrachtet den sozialen Akt (*social act*) gattungsübergreifend als eine aus dem ständigen Strom sozialer Abläufe – ohne absoluten Anfang und ohne absolutes Ende – herausgegriffene Abstraktion. Er kann als »ein Akt definiert werden, bei dem der Anlaß oder der Reiz, welcher einen (Akt-)Impuls auslöst, in der Eigenart oder in dem Verhalten eines Lebewesens zu suchen ist, welches zur spezifischen Umwelt des Lebewesens gehört, in dem dieser Aktimpuls ausgelöst wird.«[2] Diese Bestimmung impliziert, daß mindestens zwei Individuen an dem Akt teilnehmen und daß deren Teilnahme auf Kooperation verweist. Dabei handelt es sich um eine Exemplar-Exemplar-Relation innerhalb einer Gattung. Diese Kooperationen leiten sich aus fundamentalen biologischen Prozessen wie denen der Fortpflanzung oder der Sicherung der Nahrung ab. Wir stoßen also auch im Meadschen Ansatz – wie im Strukturalismus von Lévi-Strauss – auf die Grundfunktionen der sexuellen und materiellen Reproduktion, die die innerartliche Verständigung, die soziale Kooperation innerhalb derselben Gattung notwendig machen. Denn, so Mead: »Das Verhalten aller lebenden Organismen weist einen grundlegenden sozialen Aspekt auf: Die fundamentalen biologischen und physiologischen Impulse und Bedürfnisse, die auf der Basis aller dieser Verhaltensprozesse liegen, insbesondere Hunger und Sexualtrieb, also die mit der Ernährung und Vermehrung verbundenen Bedürfnisse, sind im weitesten Sinne sozialen Charakters oder haben soziale Implikationen, da sie soziale Situationen und Beziehungen für ihre Befriedigung durch den jeweiligen Organismus voraussetzen.«[3] Bereits an dieser Stelle der Rekonstruktion sind zwei Momente festzuhalten. Erstens das Faktum, daß die innerartliche Verständigung der Gattungsexemplare untereinander immer schon gegeben ist. Zweitens ist darin impliziert, daß sich die Gattungsexemplare erst auf der Basis der Exemplar-Exemplar-Kooperation zu ihrer gegenständlichen Um-

2 Mead, *Selected writings*, S. 279; ders., *Philosophie der Sozialität*, S. 84.125.

3 Mead, *Mind, Self, and Society*, S. 227 (im folgenden abgekürzt: *MSS*); (deutsch: *Geist, Identität und Gesellschaft*; im folgenden abgekürzt: *GIG*).

welt verhalten. Damit können wir das pragmatistische Grundschema Meads formulieren: Es ist die Exemplar-Exemplar-Relation, die konstitutionslogisch der Exemplar-Objekt-Relation vorausgeht. Bezogen auf humanspezifisches Handeln bedeutet dies: Die Subjekt-Subjekt-Relation geht konstitutionslogisch der Subjekt-Objekt-Relation, der Funktionskreis des kommunikativen Handelns dem des instrumentellen Handelns voraus. Der Pragmatismus bricht mit der traditionellen erkenntnistheoretischen Konzeption, die vom Subjekt-Objekt-Verhältnis ausgeht und so gleichsam ein monologisches erkennendes Subjekt der Umwelt gegenüberstellt. Diese Konzeption weist mindestens zwei Defizite auf. Zum einen wird in dieser immer schon vom fertigen Subjekt ausgegangen. Ausgeblendet wird dabei das Eingebettetsein in die Gattung und ihre Sozialität. Dies aber ist ein Kategorienfehler. Zum anderen läßt sich schon aus der logischen Form der Prädizierung ableiten, daß ein Ich nicht über eine Sache sprechen kann, bevor nicht ein Dialog zwischen Ich und Du eingerichtet ist.

Auch die Transformation von Natur in Kultur erfolgt nicht durch die Exemplar-Objekt-Relation. Sie vollzieht sich vielmehr grundlegend im Funktionskreis innerartlicher Kooperation, und erst über diese vermittelt durch instrumentelles Handeln. Denn: »Nicht die Einzelexemplare einer Gattung als solche transformieren sich in der Evolution, sondern die ihrer materiellen (Revierabgrenzung) und sexuellen (*mate-selection*) Reproduktion zugrundeliegenden sozialen Verhältnisse zwischen diesen Exemplaren innerhalb der Gattungen. Natürlich verändern sich auch die Einzelexemplare, aber sie tun das in der Abhängigkeit von der innerartlichen Verständigung und der Folge der Veränderungen auf der Ebene der Sozialverhältnisse. Die verändernde Auseinandersetzung mit der Umwelt wirkt sich nicht direkt auf die Einzelexemplare aus, sondern wird vermittelt über die Sozialorganisation innerhalb der Gattungen. Deshalb ist die zur menschlichen Gesellschaft hinführende Evolution von vornherein ein Transformationsprozeß im Funktionskreis innerartlicher Kooperation und nicht im Funktionskreis des Verhältnisses des Einzelexemplars zu seiner außerartlichen Umwelt. Zwar ist diese Relation keineswegs bedeutungslos, aber sie fungiert als Angriffspunkt für Ver-änderungen vermittelt über ihre Einbettung in die innerartlichen Kooperationszusammenhänge. Sub-humane Gattungen operieren also wie selbstverständlich als Gesellschaften.«[4] Insofern ist auch die Vorstellung falsch, die Evolution subhumaner Gattungen vollziehe

4 Oevermann, »Überlegungen zur Integration und Synthesis der begrifflichen und methodischen Instrumentarien der Forschungen im SFB/FK ›Wissenskultur und gesellschaftlicher Wandel‹«, S. 29.

sich basal im Funktionskreis von Werkzeuggebrauch. Die Objekte der Umwelt konstituieren sich nicht aus der Perspektive eines je einzelnen Exemplars, sondern aus der der sozialen Kooperation, aus der Exemplar-Exemplar-Relation. »Die Gegenstände der außerartlichen Umwelt konstituieren sich aus der Perspektive der innerartlichen Sozialität, nicht aus der des einzelnen Exemplars. Zwar verbindet sich in der Gattung Mensch unter der Bedingung der Kultur mit der Individuiertheit des Subjekts auch dessen je individuierte Sicht auf seine erfahrbare Welt, aber diese Individuiertheit, in sich sozial konstituiert, ist gewissermaßen sekundär in die sozial und dialogisch validierte Erkenntnis eingebettet und mit deren Möglichkeiten arbeitend spezifiziert sie diese. Sie ist aber nicht das Fundament unserer Erkenntnis. Wir lernen und erwerben Wissen als Einzelexemplare, aber das geschieht vermittelt über die soziale Kooperation von Praxis und die sprachlich-kommunikativ erzeugte Argumentationslogik. Der kreative Zugang zum Erkenn- und Erfahrbaren entspricht der Individuierung des Subjekts, aber die propositionalen Gehalte des erworbenen Wissens sind gültig und kommunizierbar.«[5]

2.2. Gestenkommunikation

Betrachten wir zunächst die Kategorie der Geste. Gesten stehen am Anfang des sozialen Aktes; sie sind Stimuli, die bestimmte Reaktionen bei anderen Individuen hervorrufen. Beispiele solcher Gesten sind die Anfangsstadien des Kampfes, der Werbung, der elterlichen Fürsorge etc.; sie werden angezeigt durch die Bereitschaft zum Sprung oder zur Flucht, durch verbale Expressionen wie Brüllen oder Schreien.[6] Im Laufe des Evolutionsprozesses müssen die jeweiligen Gattungsexemplare für diese Anfänge des Verhaltens eine besondere Sensitivität entwickeln, denn sie sind Voraussetzung für das Zustandekommen und Funktionieren der sozialen Beziehungen innerhalb einer Gattung. Gesten sind Reste ursprünglich voll ablaufender Akte, die durch Inhibition jener Akte zustandekommen und deren evolutionsgeschichtlicher Vorteil in der Anpassung des Verhaltens der Lebewesen aneinander liegt. Insofern kann Mead denn auch von einer Geste als einem »abgeschnittenen, synkopierten Akt, einem Torso, der den emotionalen Gehalt eines Aktes anzeigt«, reden.[7] Diese synkopierten Akte machen nach Mead jedoch »nur einen kleinen Teil des gesamten Gebietes der Ge-

5 Ebd., S. 31.

6 Mead, *Selected Writings,* S. 123 f.; ders., *Gesammelte Aufsätze,* Band 1, S. 210 f.

7 Mead, *Selected Writings,* S. 136; ders., *Gesammelte Aufsätze,* S. 207.

bärden« aus, das alle im sozialen Kontext relevanten Stimuli, die eine Reaktion bei anderen artgleichen Lebewesen hervorrufen, impliziert.[8] Die Funktion der Gesten besteht in der Herstellung und Sicherung der innerartlichen Verständigung und nicht – wie Darwin annahm – im bloßen Ausdruck von Emotionen.[9] Zwar entstehen infolge der Inhibition des Aktes in einer sozialen Situation, in der sich die Individuen aneinander anpassen müssen, überschüssige Antriebsenergien, Emotionen, die sich in Form von Gesten äußerlich materialisieren, jedoch besteht die Funktion solcher Gesten in der Herstellung der Sozialität und nicht in einer bloß individuellen, für die Reproduktion der Gattung letztlich unbedeutenden Entladung von Emotionen. Darwin interpretierte die Emotionen als psychologische Zustände; die innerartlichen sozialen Beziehungen stellte er sich dergestalt als über den Ausdruck von Emotionen vermittelt vor. Dabei mußte er die unhaltbare Annahme des Wissens um die ausgedrückte Emotion beim jeweiligen Kommunikationspartner immer schon voraussetzen. Dies ist jedoch gleichbedeutend mit einem hinter den Emotionen liegenden Bewußtsein, dessen Entstehung es aber erst zu erklären gilt.

Am Beispiel des Kampfes zweier Hunde verdeutlicht Mead, wie sich aus der Geste des ersten Hundes und der Reaktion des zweiten Hundes auf diese Geste eine Gestenkommunikation (*communication of gestures*) entwickelt. »Der Akt jedes der beiden Hunde wird zum Reiz, der die Reaktion des anderen beeinflußt. Es besteht also eine Beziehung zwischen den beiden; und da der andere Hund auf den Akt reagiert, wird dieser wiederum verändert. Eben die Tatsache, daß der Hund (mit der Geste des Zähnefletschens) zum Angriff auf einen anderen bereit ist, wird zu einem Reiz für diesen anderen, seine eigene Position oder seine eigene Haltung zu ändern. Kaum tritt dies ein, löst die veränderte Haltung des zweiten Hundes beim ersten wiederum eine veränderte Haltung aus.«[10] Wichtig ist bei dieser subhumanen biogrammatisch programmierten Form der Gestenkommunikation, daß – in unserem Beispiel – die beiden Hunde nicht dieselbe Bedeutung mit der Geste verbinden. Während die erstgesetzte Geste von Hund *A* (Zähne fletschen) für diesen Angriff bedeutet, bedeutet sie für Hund *B* eine Gefahr. Wir haben es also mit einer *Bedeutungsdifferenz* zu tun. Schematisch kann die Gestenkommunikation am Beispiel eines sozialen Aktes, an dem die Individuen *A* und *B* beteiligt sind, wie folgt beschrieben werden: Der Stimulus eines Individuums

8 Mead, *Selected Writings,* S. 136; ders., *Gesammelte Aufsätze,* Band 1, S. 234.

9 Mead, *MSS,* S. 14 ff., S. 44; ders., *GIG,* S. 53 ff., S. 83.

10 Mead, *MSS,* S. 42 f.; ders., *GIG,* S. 81 f.

A löst eine spezifische Reaktion bei einem artgleichen Individuum *B* aus, wobei die Reaktion von *B* ihrerseits als ein Stimulus auf *A* wirkt und diesen zu einer entsprechenden Reaktion veranlaßt usw. Dieser Austausch von Gesten in einem sozialen Akt bezieht sich auf die subhumane Ebene der Kommunikation, die mit keinerlei mentalen Repräsentanzen und Bewußtseinsprozessen in Verbindung zu bringen ist. Die Kommunikationsprozesse basieren hier auf biogrammatischen Gesetzlichkeiten. Dabei ist zu berücksichtigen, daß bei den subhumanen Gattungsexemplaren die Geste im Sinne einer festen biogrammatischen Verdrahtung auf ein Schema verweist, das immer schon vorliegt. Das Schema als Biogramm ist eine zeitlose Struktur, die sich gleichwohl nur im Verhalten in der Zeit zeigen kann. Damit sind wir bei dem Meadschen Begriff der Attitüde (*attitude*).

Dieser Begriff verweist auf ein Schema, in dem die Verknüpfung, derzufolge auf die Geste *A* die Reaktion *B* erfolgt, schon immer enthalten ist. Das, was sich erst im zeitlichen Ablauf sequentiell entfaltet, ist in dem Schema immer schon enthalten. Die Exemplare *A* und *B* verfügen bereits über dieses Schema. Schon die Geste von Exemplar *A* setzt dieses Schema in Gang. Die Gestenkommunikation läuft dann gleichsam automatisch ab. »Der Gestenaussender verbindet natürlich mit der Geste eine Antizipation. Die Geste ist in gewisser Weise eine Abbreviatur oder ein Emblem für einen kompletten, in sich geschlossenen Handlungskreis. Und diese geschlossene Gestalt antizipiert der Gestenaussender. Das, was die geschlossene Gestalt antizipiert, nennt Mead Attitüde, so daß wir grundsätzlich unterscheiden müssen zwischen der Attitüde als dem inneren Zustand, das ist der Vorläufer des Bewußtseinszustandes, der Erwartung, und dem beobachtbaren Verhalten. Diesen beiden Entitäten liegen zwei ganz verschiedene Zeitordnungen zugrunde. Die Attitüde ist gleichsam die synchronische Form des Verhaltens, das notwendig eine diachronische Form hat.«[11] Antizipation ist hier als Antizipation in den Grenzen der Biogrammatik gemeint. Der Funktionskreis ist immer schon eingerichtet und läuft in der Regel schematisiert ab. »In dem Moment, in dem dieser Funktionskreis stabilisiert ist, kann man dieses Schema des Ablaufs sozusagen von der Diachronie in die Synchronie klappen und daraus eine Attitüde machen, etwas, das den zeitlich ausgedehnten Ablauf gleichzeitig als Zustand erwartet.«[12] Mead geht also davon aus, daß der Akt als schematischer bzw. regelhafter immer schon gegeben ist und eine geschlossene Einheit darstellt. Unter Applikation des Be-

11 Oevermann, »Vorlesungen zur Einleitung in die soziologische Sozialisationstheorie«, S. 145.

12 Ebd., S. 146 f.

griffs des Algorithmus können wir dann, Mead ergänzend, formulieren: »Der soziale Akt ist ein algorithmisch explizierbarer kompletter Ablauf, ein geschlossener Kreis.«[13]

2.3. Vokale Geste als Antizipation der menschlichen Sprache – Perspektivenübernahme – symbolisch vermittelte Gestenkommunikation

Wie ist die Transformation von der einfachen biogrammatisch programmierten, nicht-symbolischen Gestenkommunikation zur humanspezifischen, symbolisch vermittelten Form der Kommunikation zu erklären? Mead denkt dabei eine Reihe von Faktoren mit, auf die wir hier, unser spezifisches Erkenntnisinteresse verfolgend, nicht gesondert eingehen.[14] Zu diesen zählen: die Durchbrechung der instinktiven Festgelegtheit des Verhaltens, die gleichzeitig eine systematische Hemmung des Handelns impliziert, die Ausdifferenzierung des Zentralnervensystems mit der Großhirnrinde und die Entwicklung der Hand. Wir konzentrieren uns auf den nach Mead zentralen evolutionsgeschichtlichen Faktor: auf die vokale Geste *(vocal gesture)*.

Im breiten Spektrum der Gesten entdeckt Mead eine spezifische Geste, deren Charakteristikum darin besteht, daß sie vokaler Art ist und Sender wie Empfänger gleichermaßen beeinflußt. Die Genesis der vokalen Geste sieht Mead in tierischen Lauten, die aus der Veränderung im Atemrhythmus und Blutkreislauf resultieren. Das Tier wird – so die Meadsche Annahme – durch seine eigenen Laute dazu veranlaßt, in sich tendenziell die gleiche Reaktion auszulösen wie im anderen. Jedoch spielt diese Tendenz im Tierreich nur eine nennenswerte Rolle, wo das einzelne Lebewesen aufgrund seiner physiologisch-anatomischen Ausstattung zu differenzierten Vokalisationsprozessen fähig ist. So ist beispielsweise die Balz der Vögel durch die vokale Geste vermittelt; dabei »löst der Reiz eindeutig eine bestimmte Reaktion aus, wodurch der singende Vogel durch den von ihm ausgelösten Reiz zu einer Reaktion veranlaßt wird, die der im anderen Vogel ausgelösten Reaktion gleicht«.[15] Dabei ist die motivierende Kraft der eigenen Artikulation auf das Lebewesen hervorzuheben; diese äußert sich darin, daß es auf das von ihm Artikulierte stärker und öfter reagiert als auf das von anderen Artikulierte.[16] Diese Tat-

13 Ebd., S. 147.
14 Siehe dazu Wagner, *Strukturen des Subjekts,* S. 33 ff.
15 Mead, *MSS,* S. 64 f.; ders., *GIG,* S. 103 f.
16 Ebd.

sache ist keine Legitimation für die ältere psychologische Theorie der Nachahmung, die von der Annahme eines Triebes zur Nachahmung ausgeht. Im Gegenteil: Es konnte kein Nachweis für die Existenz eines Nachahmungstriebes erbracht werden; auch spielt Nachahmung in subhumanen Gattungen keine wesentliche Rolle; erst beim Menschen ließe sich von Nachahmung reden, doch setzt diese die Konstitution des Bewußtseins schon voraus.[17] Die vokale Geste ermöglicht eine Kontrolle über das eigene Verhalten, die wir bei keiner anderen Geste finden. Der eigene Gesichtsausdruck beispielsweise wird in der Regel nur im Spiegel oder von den anderen wahrgenommen. Die Selbstwahrnehmbarkeit ist dagegen bei der vokalen Geste nicht über ein anderes Medium vermittelt; sie stellt sich vielmehr auf direktem Wege her. Das Funktionieren des Mechanismus der vokalen Geste setzt zum einen voraus, daß der vom Sender artikulierte Laut auf dessen Ohr genauso wirkt wie auf das des Empfängers, und zum anderen, daß der durch den Laut ausgelöste Impuls bei Sender und Empfänger »funktional die gleiche Rolle« spielt. [18] Der Sender muß demnach das von ihm Artikulierte ebenso hören können wie der Empfänger, und er muß dazu tendieren, ebenso zu reagieren wie der Empfänger.

Gleichwohl reicht diese Beschreibung nicht aus, um die vokale Geste in ihrem Funktionieren und in ihrer eigentlichen Bedeutung zu erkennen. Die Meadsche Darstellung der vokalen Geste bleibt, obwohl deren evolutionsgeschichtlich zentrale Bedeutung hervorgehoben wird, unbefriedigend und ist zu ergänzen. Dazu ist zunächst an die Differenz zwischen der vokalen Geste bei Tieren und der beim Menschen zu erinnern. Bei der einfachen biogrammatisch gesteuerten Gestenkommunkation auf der Ebene der subhumanen Gattungen haben wir es mit einer Bedeutungsdifferenz zu tun (Hund A, der die Zähne fletscht, behauptet seine Position, während Hund *B* die Flucht ergreift). Die Geste bedeutet also für beide Hunde etwas ganz anderes. Wie aber wirkt sich der Laut dann auf das Ohr von Sender und Empfänger gleich aus? Offensichtlich soll dies über den Stimmklang geschehen. »Man hat sich das dann offenbar so vorzustellen, daß der Stimmklang als Stimulus, abgelöst vom Sender der Geste, in der Luft als Vibration sozusagen ein Eigenleben führt und von daher, als eine Art Abstraktum, das später die Bedeutung ist, von Sender und Empfänger identisch wahrgenommen wird. Die Überlegung, die bei Mead immer vorherrscht, ist die, daß die Geste als solche für den Sender

17 Mead, *MSS*, S. 59 f.; ders., *GIG*, S. 99.
18 Mead, *MSS*, S. 364; ders., *GIG*, S. 414.

etwas ganz anderes bedeutet als für den Empfänger.«[19] Das Problem verschärft sich, wenn es um die höhere Stufe der Kommunikation in signifikanten Symbolen auf der Ebene der Gattung Mensch geht. Denn für die Sprache ist die Bedeutung für Sender und Empfänger identisch (*Bedeutungsidentität*). Die Bedeutung des Wortes Feuer etwa ist identisch für den, der dieses Wort ausruft, wie für den, der es hört; beide werden – beispielweise bei Ausbruchs eines Feuer in einem Raum – die Flucht ergreifen. Wie also ergibt sich daraus, daß beide dasselbe hören, ein Identisches? Offensichtlich doch nur so, daß die Geste als ein Muster bzw. eine Generierungsformel, die bereits eine Vorform der menschlichen Sprache ist, interpretiert wird. Die vokale Geste steigert im Laufe der Evolutionsgeschichte die immer schon gegebene Wechselseitigkeit zwischen den Exemplaren einer Gattung. Dies wird evident, wenn man ihre Funktionsweise näher betrachtet. Sie funktioniert im Sinne einer regelgeleiteten, algorithmisierbaren Sequenz. Die vokale Geste funktioniert »in sich wie ein algorithmisches Muster. Die vokale Geste ist ein Sequenzmuster, und zwar vor allem hinsichtlich zweier Dimensionen. Sie ist gemustert bezüglich der Intervallfolge (Melodie), und sie ist gemustert bezüglich der Rhythmik, und wir können sagen, die Metrik kommt noch hinzu. Es ist also eine algorithmisierbare Sequenz, für die wir eine Formel angeben können.«[20] Und weiter: Die vokale Geste ist »eine sequenzierte, gemusterte Handlung, die regelhaft erfolgt, so wie eine Melodie, die in immer gleicher Weise abgespielt wird. Dieses Muster ist gewissermaßen das Vorbild einer biogrammatischen Gesetzlichkeit ... Und wenn ein Ton dieses Musters angeschlagen ist, dann kann jedes Exemplar einer Tiergattung, weil es über diese Verdrahtung verfügt, die Ergänzung wie selbstverständlich vornehmen ... Es findet also durch die Geste eine Steigerung der Wechselseitigkeit statt.«[21] Es ist dieses Muster als eine Generierungsformel vorzustellen, die Exemplare derselben Gattung teilen und die die Bedingung dafür ist, daß die vokale Geste funktioniert. Die Exemplare derselben Gattungen sind im Besitz der Generierungsformel, haben diese in den Verschaltungsplänen des Gehirns gespeichert, und nur insofern ist es zu erklären, daß Sender und Empfänger dasselbe hören. »Die vokale Geste antizipiert gleichsam algorithmisch die Sprache. Und in dem Moment, in dem die Sprache als eigenlogisches Medium vorliegt, wird der Übergang von Natur zur Kultur erzwungen. Die vokale Geste Meads könnte man als ein

19 Oevermann, »Vorlesungen zur Einführung in die soziologische Sozialisationstheorie«, S. 159.

20 Ebd., S. 153.

21 Oevermann, »Vorlesungen zur Professionalisierungstheorie«, S. 71.

anthropologisches Materiale bezeichnen, das auf den Universalismus der Grammatik vorgreift, und Mead bezeichnet mit der vokalen Geste in seiner Konstruktion eigentlich die Stelle, an der sich wesentlich der Übergang vollzieht.«[22] Die vokale Geste spielt demzufolge eine ganz bedeutende Rolle in dem Transformationsprozeß von Natur in Kultur.

Vor dem Hintergrund dieser Interpretation der vokalen Geste kann zugleich die Meadsche zirkuläre Argumentation, in die er sich verstrickt, wenn er den Übergang von der einfachen Gestenkommunikation zur symbolisch vermittelten Kommunikation erklären will, aufgelöst und der Stellenwert der Fähigkeit zur Perspektivenübernahme präziser bestimmt werden. Mead versucht zunächst zu zeigen, wie die vokale Geste zu einem signifikanten Symbol wird, und die humanspezifische symbolisch vermittelte Kommunikation ermöglicht. »Die vokale Geste wird zum signifikanten Symbol, wenn sie auf das sie ausführende Individuum die gleiche Wirkung ausübt wie auf das Individuum, an das sie gerichtet ist...«[23] Versuchen wir, diese Aussage Meads durch Hinzuziehung eines weiteren Zitats zu verdeutlichen: »Wenn in irgendeinem sozialen Akt oder einer Situation ein Individuum durch eine Geste einem anderen Individuum aufzeigt, was es zu tun hat, so ist sich das erste Individuum der Bedeutung seiner Geste bewußt – oder die Bedeutung seiner Geste scheint in seiner eigenen Erfahrung auf –, insoweit es die Einstellung des zweiten Individuums zu dieser Geste einnimmt und dazu tendiert, implizit ebenso zu reagieren, wie das zweite Individuum es explizit tut. Gesten werden zu signifikanten Symbolen, wenn sie im Gesten setzenden Wesen die gleichen Reaktionen implizit auslösen, die sie explizit bei anderen Individuen auslösen oder auslösen sollen – bei jenen Wesen, an die sie gerichtet sind.«[24]

Wir haben schon angedeutet, daß diese Erklärung Meads nicht ausreicht, um den Übergang von den biogrammatisch programmierten Gesten zu den signifikanten Symbolen und damit von der tierischen zur menschlichen Form der Kommunikation zu erklären. Erstens ist nicht klar, wie sich über die vokale Geste in einem sozialen Akt eine identische Bedeutung für Sender und Empfänger ergeben soll, denn – so auch die berechtigte Kritik Tugendhats an Mead – »daraus, daß der eine dispositionell dasselbe tut wie das, wozu der andere stimuliert wird, ergibt sich nicht, daß es etwas Identisches gibt, zu dem

22 Oevermann, »Vorlesungen zur Einführung in die soziologische Sozialisationstheorie«, S. 155.

23 Mead, *MSS*, S. 46; ders., *GIG*, S. 85.

24 Mead, *MSS*, S. 47; ders., *GIG*, S. 86.

sich beide verhalten.«[25] Mit unserer Interpretation der vokalen Geste haben wir zumindest diesen Aspekt partiell aufgeklärt. Zweitens ist zu berücksichtigen, daß Mead in seiner Argumentation zirkulär verfährt, wenn er die Entwicklung signifikanter Symbole durch die Übernahme der Einstellung des Anderen und dann wiederum die Einstellungsübernahme mit Hilfe der Konzeption signifikanter Symbole erklärt. Versuchen wir diese Defizite weiter zu beheben, indem wir auf die Konzeptionen von K. Lorenz und N. Chomsky rekurrieren.

K. Lorenz versucht in seinem frühen Aufsatz »Kants Lehre vom Apriorischen im Lichte gegenwärtiger Biologie« den transzendentallogischen Kategorien und Anschauungsformen Kants ein materiales Fundament zu verleihen.[26] Er begreift das Apriorische – vor dem Hintergrund der Forschungsresultate der vergleichenden Ethologie – als ein biologisch-materiales Produkt der Evolutionsgeschichte. Das Apriorische ist ein Organ, eine jeweils spezifische Gattungsausstattung, denn: »So wie die Form der Flosse ›a priori‹ gegeben ist, vor jeder individuellen Auseinandersetzung des Jungfisches mit dem Wasser, und so, wie sie diese Auseinandersetzung erst möglich macht, so ist dies auch bei unseren Anschauungen und Kategorien in ihrem Verhältnis zu unserer Auseinandersetzung mit der realen Außenwelt durch unsere Erfahrung der Fall.«[27] Wie jedes Organ eines Lebewesens, so hat auch das Zentralnervensystem des Menschen als Trä-ger der Strukturen des Geistes seine »arterhaltende zweckmäßige Form in äonenlangem stammesgeschichtlichem Werden durch die(se) Auseinandersetzung von Realem mit Realem gewonnen«.[28] Die tran-szendentallogischen Kategorien Kants sind nicht als Produkte des Außernatürlichen zu interpretieren; sie sind – und das legen die Forschungsresultate der vergleichenden Ethologie nahe – als ein im Laufe der Stammesgeschichte entstandenes materiales Apriori zu begreifen. »Wenn man nun« – so K. Lorenz – »die angeborenen Reaktionsweisen von untermenschlichen Organismen kennt, so liegt die Hypothese ungemein nahe, daß das ›Apriorische‹ auf stammesgeschichtlich gewordenen, erblichen Differenzierungen des Zentralnervensystems beruht, die eben gattungsmäßig erworben sind und die erblichen Dispositionen, in gewissen Formen zu denken, bestimmen«.[29] Die Kantischen transzendentallogischen Kategorien und

25 Tugendhat, *Selbstbewußtsein und Selbstbestimmung*, S. 255.

26 Lorenz, »Kants Lehre vom Apriorischen im Lichte der gegenwärtigen Biologie«, S. 94-125.

27 Ebd., S. 100.

28 Ebd., S. 98 f.

29 Ebd., S. 95.

Anschauungsformen sind evolutionsgeschichtliche Produkte, die auf der Ebene der humanen Gattung emergieren und im Sinne universaler Strukturen interpretiert werden können. Zum Übergang von der Tier- zur Menschensprache ist im Sinne einer naturgeschichtlichen Emergenz ein materiales Apriori anzusetzen.

Die Lorenzsche und die Meadsche Argumentation stimmen dabei insofern überein, als sie im Gegensatz und in Abhebung zur Kantischen transzendentalen Einheit der Apperzeption a priori auf ein materiales Apriori verweisen, das in der Auseinandersetzung von Realem mit Realem in der Phylogenese entstanden und dessen Basis das Zentralnervensystem ist. Da sich nun im Vergleich von Tier- und Menschensprache fundamentale, unüberwindliche Differenzen zeigen, muß über die schon geleistete Reinterpretation der vokalen Gesten als einer Vorform der Universalität der Grammatik das materiale Apriori weiter expliziert werden. Es bietet sich an, dabei auf die folgende Chomskysche Argumentation zurückzugreifen.[30]

Chomsky führt fünf Aspekte an, die die grundlegenden Unterschiede zwischen Tier- und Menschensprache verdeutlichen:

- *den funktionalen Aspekt*; danach ist »die menschliche Sprache ein System zum freien Ausdruck des Gedankens, im wesentlichen unabhängig von Reizkontrolle, Bedürfnisbefriedigung oder instrumentalem Zweck, also qualitativ unterschieden von den Affen beigebrachten Symbolsystemen«.
- *den strukturalen Aspekt*; danach ist »die menschliche Sprache ein System mit rekursiven strukturabhängigen Regeln, die zur Erzeugung einer abzählbar unendlichen Menge von Sätzen auf Sequenzen angewendet werden, die hierarchisch in Phrasen gegliedert sind«. Diese Eigenschaften finden sich nach dem heutigen Erkenntnisstand ausschließlich in menschlichen Sprachen.
- *den physikalischen Aspekt*; physikalische Grundlagen der menschlichen Sprache sind »besondere Sprachzentren in der sprachdominanten Hemisphäre, die keine direkte Entsprechung in anderen Säugetieren zu haben scheinen«.
- *den Aspekt der ontogenetischen Entwicklung der Sprache*; danach »wächst die Sprache im Kind heran, das bloß einer unorganisierten sprachlichen Umgebung ausgesetzt sein muß, ohne unterrichtet zu werden oder auch nur ohne irgendeine besondere sprachliche Zuwendung zu erhalten«.
- *den evolutionären Aspekt*; unter dem Aspekt der stammesgeschicht-

30 Auf die Chomskysche Sprachtheorie wird in Kapitel 1, 3 sowie in *Krise und Sozialisation. Strukturale Sozialisationstheorie II* eingegangen.

lichen Entwicklung ist davon auszugehen, daß sich die menschliche Sprache erst »lange nach der Trennung der Menschen von anderen Primaten entwickelt hat«.[31]

Den Unterschied zwischen menschlicher und nicht-menschlicher Sprache konnte Chomsky in differenzierter Form erst auf der Grundlage seiner Grammatiktheorie formulieren. Sie erst ermöglicht es, das mit der Konstitution der humanen Gattung emergierende biologisch-genetisch verankerte Apriori, soweit es sich auf Sprache als Grammatikalität bezieht, zu beleuchten. Dies ist nichts anderes als die Universalgrammatik.

Wir können auf dieser Grundlage folgende Konsequenzen für die Lösung unseres spezifischen Problems ziehen. Als gattungsgeschichtlich Emergentes ist die Universalgrammatik, die ihrerseits das Resultat der Auseinandersetzung von Realem mit Realem ist und in der vokalen Geste ihren Vorläufer hat, die Grundlage humanspezifischer Kommunikation. Während die vokale Geste auf der Ebene der subhumanen Gattungen an eine Generierungsformel gebunden ist, die biogrammatischen Gesetzlichkeiten unterliegt, ist im Übergang von der Natur zur Kultur anstelle der Biogrammatik, was die Sprache betrifft, u.a. die Universalgrammatik getreten. Wir haben es bei diesem Transformationsprozeß auf der sprachlichen Ebene mit der Transformation der Biogrammatik in eine sprachliche Grammatik zu tun, und dies verweist zugleich auf ein Drittes, nämlich auf Regelhaftigkeit. Mit dem Einsetzen des Dritten, das meint hier der kulturellen Universalie der Universalgrammatik, ist zugleich ein Defizit in der Meadschen Konzeption, nämlich seine zirkuläre Argumentation, in die er sich verstrickt, wenn er versucht den Übergang von der biogrammatisch gesteuerten Gestenkommunikation bzw. -konversation (*conversation of gestures*) in die symbolisch vermittelte, mit signifikanten Symbolen aufgeladene Kommunikation (*communication in significant symbols*) zu erklären, beseitigt. Denn jetzt erst wird einsichtig, wie sich durch vokale Gesten in einem human-sozialen Akt ein Identisches, und das heißt *Bedeutungsidentität* für die Teilnehmer an einem solchen Akt bilden kann: Der vom Sender artikulierte Laut trifft beim Empfänger wie auch bei ihm selbst auf ein gleiches biologisch-genetisch verankertes materiales Apriori, das – auf Sprache im Sinne von Grammatikalität bezogen – ein identisches universalgrammatisches Regelsystem der beiden Kommunikationsteilnehmer involviert. Die Frage, wie vokale Gesten zu signifikanten Symbolen werden, läßt sich dann so beantworten: Das vom Sender Artikulierte kann in diesem implizit

31 Chomsky, *Regeln und Repräsentationen*, S. 240.

die gleiche Reaktion auslösen, die es explizit im Empfänger auslöst, weil von beiden Kommunikationsteilnehmern das Artikulierte in seiner syntaktischen, phonologischen und semantischen Dimension auf der Folie der universalgrammatischen Regeln interpretiert werden kann. Die Möglichkeit der Konstitution von Bedeutungsidentität in der humanspezifischen Form der Kommunikation setzt immer schon ein gattungsgeschichtlich sich Identisch-Bleibendes, hier die kulturelle Universalie der Universalgrammatik, voraus. Damit können wir auch bezüglich der Sprache eine Abgrenzung treffen zwischen dem, was Tiere können und was sie nicht können. Zwar finden wir bereits bei Affen in begrenztem Maße den Gebrauch von sprachlichen Symbolen, aber sie können diese nicht verknüpfen. Es fehlen die Verknüpfungsregeln, das heißt: die Syntax.

Unsere Reformulierung und ergänzende Bestimmung der Kategorie der vokalen Geste zieht auch – gegenüber den vorliegenden Mead-Interpretationen – eine präzisere Fassung des Begriffs des *role taking (taking the role of the other)* nach sich. Bereits auf der Ebene der subhumanen Gattungen finden wir eine rudimentäre Form von Rollenübernahme. Erinnern wir uns an die herausgearbeitete Kategorie der Generierungsformel im Kontext der vokalen Gesten. Sobald eine Gattung eine Biogrammatik entwickelt hat und über eine gemeinsame Generierungsformel verfügt, sind auch deren Gattungsexemplare zu einer Rollenübernahme in der Lage. »Zum *role taking* sind auch Tiere befähigt, weil *role taking* nichts anderes ist als ein Implikat einer gemeinsamen Generierungsformel«.[32] Auf der Folie einer gemeinsamen Biogrammatik kann demnach in einer je spezifischen Gattung Exemplar *A* bei Setzung einer Geste »antizipieren«, was Exemplar *B* demnächst tun wird. Dies ist eine rudimentäre Form von *role taking*. Die Rollenübernahme ist also nicht nur für die humane Gattung zu reservieren. Wie aber unterscheidet sich dann die Rollenübernahme auf der Ebene der Natur von der auf der Ebene der Kultur?

Mead behandelt die Kategorie der Rollenübernahme unter anderem im Kontext der Entwicklungslogik des Selbst in der humanen Ontogenese. Er versucht zu zeigen, wie der physiologische Organismus so aus sich heraustreten kann, daß er sich selbst zum Objekt werden kann. Seine präzise Fragestellung lautet wie folgt: »Wie kann ein Einzelner (erfahrungsmäßig) so aus sich heraustreten, daß er für sich selbst Objekt wird?«[33] Dazu sind verschiedene Prämissen erforderlich, wie etwa der Ausgang von der Subjekt-Subjekt-Relation

32 Oevermann, »Vorlesungen zur Einführung in die soziologische Sozialisationstheorie«, S. 168.

33 Mead, *MSS*, S. 138; ders., *GIG*, S. 180.

sowie Regelhaftigkeit. Mead zeigt nun an zwei Stufen der Entwicklungslogik des Selbst in der humanen Ontogenese, wie sich die Rollenübernahme konstituiert. Die erste Stufe bezeichnet er als Spielperiode *(play)*. *Play* bezieht sich auf das Spiel von Kindern, in dessen Verlauf sie die Rolle von konkreten Anderen übernehmen. Dabei werden unterschiedliche Rollen, die dem Kind von seiner sozialen Umwelt angeboten werden, durchgespielt. Das Kind spielt Mutter, Vater, Käufer, Polizist etc. Ein ganzes Repertoire von Rollen wird hier sukzessive eingeübt: »Das Kind schafft sich in dieser Zeit des Heranwachsens ein Forum, auf dem es verschiedene Rollen einnimmt, und das Selbst des Kindes entwickelt sich graduell aus diesen gesellschaftlich verschiedenen Haltungen heraus ...«[34] Wichtig für die Rollenübernahme ist die Selbststimulierung des Kindes mit Hilfe vokaler Gesten, das heißt, das Kind muß sich selbst die Reize geben, auf die es reagiert, und es reagiert auf diese Reize wie die konkreten Anderen seiner sozialen Umwelt auf die Reize reagieren. Dabei nimmt das Kind jeweils zwei Rollen ein: »Das Kind sagt etwas in einer Eigenschaft und reagiert in einer anderen, worauf dann seine Reaktion in der zweiten Eigenschaft ein Reiz für es selbst in der ersteren Rolle ist, und so geht der Austausch weiter.«[35] Am Beispiel der Übernahme der Rollen von Käufer und Verkäufer läßt sich das Gemeinte weiter verdeutlichen: Das Kind bietet sich etwas an und reagiert darauf in der Rolle des Käufers, was wiederum ein Reiz für es ist, in der Rolle des Verkäufers zu reagieren etc. In diesem Spiel von Anbieten und Kaufen muß das Kind als Verkäufer die Rolle des Käufers und als Käufer die Rolle des Verkäufers antizipieren. Mead nennt diese Periode die der »endlosen Imitation«, das heißt, das Kind schafft sich in dieser Periode in seiner Phantasie Kommunikationssituationen, in denen es die Rolle verschiedener imaginärer Spielgefährten *(imaginary companions)* imitiert.[36] In der ontogenetischen Entwicklung des Individuums ist dies die einfachste Form, in der es sich ein Anderes, nicht von Anfang an in ihm Liegendes aneignen kann. Es ist dies ein wichtiger Schritt der sozialen Strukturierung des physiologischen Organismus. Doch führt das *play* nicht zu einer endgültigen sozialen Strukturierung des Selbst, denn: »Das Kind ist im einen Moment dieses, im anderen jenes. Was es in diesem Moment ist, entscheidet nicht darüber, was es im nächsten Moment sein wird ... Es ist nicht in ein Ganzes organisiert. Das Kind hat keinen definitiven Charakter, keine definitive Persönlichkeit.«[37]

34 Mead, *MSS*, S. 366; ders., *GIG*, S. 416.
35 Mead, *MSS*, S. 151; ders., *GIG*, S. 193.
36 Mead, *Selected Writings*, S. 284 f.; ders., *MSS*, S. 150; ders., *GIG*, S. 192.
37 Mead, *MSS*, S. 159; ders., *GIG*, S. 201.

Die zweite Stufe, die dem Selbst erst eine definitive Struktur verleiht, ist die des organisierten Wettkampfes (*game*). Das Kind muß jetzt nicht nur die Rolle des konkreten Anderen, sondern die verschiedenen Rollen aller an diesem organisierten Wettspiel Teilnehmenden übernehmen und daran sein Handeln ausrichten. Am Beispiel des Baseballspiels versucht Mead diesen Prozeß zu verdeutlichen: »Macht es [das Kind] beim Baseball einen bestimmten Wurf, so muß es die Reaktionen jeder betroffenen Position in seiner eigenen Position angelegt haben. Es muß wissen, was alle anderen tun werden, um sein eigenes Spiel erfolgreich spielen zu können.«[38] Anders formuliert: Im organisierten Wettspiel (*game*) muß das Kind, um sinnvoll daran teilnehmen zu können, die für dieses Spiel geltenden Regeln verinnerlichen. Es muß nicht nur die Rolle eines konkreten Anderen *(particular other)*, sondern die verschiedenen Rollen aller an dem Spiel Beteiligten übernehmen. Diese sind ihrerseits »in der Form von Spielregeln (*rules of the game*) niedergelegt«.[39] Das entscheidende Kennzeichen des *game* besteht demnach darin, daß es nach festgelegten Regeln abläuft und daß die an dem Spiel Beteiligten dieses Regelsystem internalisieren müssen, um mitspielen zu können.

Dieses Regelsystem (bzw. diese Regelstruktur) koinzidiert als das Geronnene kommunikativer Handlungen aller an dem Spiel Beteiligten mit dem verallgemeinerten Anderen (*generalized other*). »Die organisierte Gemeinschaft oder gesellschaftliche Gruppe, die dem Einzelnen sein einheitliches Selbst gibt, kann ›der (das) verallgemeinerte Andere‹ genannt werden. Die Haltung dieses verallgemeinerten Anderen ist die der ganzen Gemeinschaft.«[40] Der verallgemeinerte Andere bleibt nicht auf bestimmte Gruppenspiele beschränkt, sondern wird auf den Rahmen der jeweiligen Gesellschaft ausgedehnt, so daß er deren Allgemeines im Sinne des Regel- und Normensystems repräsentiert. Dieser Ausdehnung sind prinzipiell keine Grenzen gesetzt; sie reicht bis zur Weltgesellschaft, zur universalen Kommunikationsgemeinschaft (*universe of discourse*). Dabei ist zu beachten, daß der verallgemeinerte Andere im vollen Sinne sich im Medium arbeitsteilig geregelter gesellschaftlicher Tätigkeiten konstituiert. Denn: »Damit ein menschliches Wesen ein Selbst im vollen Sinn des Wortes entwickelt, genügt es nicht, daß es einfach die Haltungen anderer Menschen gegenüber sich selbst und untereinander innerhalb des menschlichen gesellschaftlichen Prozesses einnimmt und diesen Pro-

38 Mead, *MSS*, S. 151; ders., *GIG*, S. 193.
39 Mead, *MSS*, S. 152; ders., *GIG*, S. 194.
40 Mead, *MSS*, S. 154; ders., *GIG*, S. 196.

zeß als Ganzen nur in dieser Hinsicht in seine individuelle Erfahrung hereinbringt: es muß ebenso, wie es die Haltungen anderer Individuen zu sich selbst und untereinander einnimmt, auch ihre Haltungen gegenüber den verschiedenen Phasen oder Aspekten der gemeinsamen gesellschaftlichen Tätigkeit oder der gesellschafltichen Aufgaben übernehmen, in die sie, als Mitglieder einer organisierten Gesellschaft oder gesellschaftlichen Gruppe, alle einbezogen sind; und es muß dann, indem es diese individuellen Haltungen der organisierten Gesellschaft oder gesellschaftlichen Gruppe als Ganzer verallgemeinert, im Hinblick auf verschiedene gesellschaftliche Projekte, die es zum jeweiligen Zeitpunkt verwirklicht, oder auf die verschiedenen längeren Phasen des allgemeinen gesellschaftlichen Prozesses handeln, die sein Leben ausmachen und dessen spezifische Manifestation diese Projekte sind.«[41] Die Internalisierung des generalisierten Anderen, des gesellschaftlichen Regel- und Normensystems im Zusammenhang zielgerichteter kooperativer gesellschaftlicher Projekte ermöglicht erst die soziale Strukturierung des Selbst.

Nun gilt es auch in diesem Zusammenhang, die Meadsche Darstellung im Lichte neuerer Erkenntnisse zu präzisieren und weiterzuentwickeln. Gehen wir zunächst auf die Rollenübernahme ein, die den konkreten Anderen *(particular other)* betrifft. Unter der sozialisationstheoretischen Perspektive ist dies in der Regel die Mutter, es folgen Vater und Geschwister. Unserer Theorie zufolge kooperieren diese konkreten Anderen im Medium diffuser Sozialbeziehungen und nicht in dem von spezifischen Sozialbeziehungen, die rollenförmige Beziehungen darstellen.[42] Insofern wäre hier der Begriff der Perspektive dem der Rolle vorzuziehen. Rekurrieren wir nun auf die uns schon aus dem Kapitel über Lévi-Strauss bekannte Strukturgesetzlichkeit der ödipalen Triade, so können wir sagen, daß wir es bereits in diesem Stadium (3.-5. Lebensjahr) von der Tendenz her mit einem generalisierten Anderen zu tun haben. Denn das Kind muß hier bereits generalisieren, von je konkreten Anderen absehen und auch die anderen an dieser Triade Beteiligten in seine Perspektive aufnehmen. »Die Strukturgesetzlichkeit der ödipalen Triade ist tendenziell selbst schon ein ›generalized other‹.«[43] Unter diesem Gesichtspunkt erweist

41 Mead, *MSS*, S. 154 f.; ders., *GIG*, S. 197.

42 Siehe zu dem Unterschied zwischen diffusen Sozialbeziehungen und spezifischen Sozialbeziehungen unten, Teil II, Kap. 2: »Gemeinschaft und Gesellschaft«, sowie: *Krise und Sozialisation. Strukturale Sozialisationstheorie II.*

43 Oevermann, »Vorlesungen zur Einführung in die soziologische Sozialisationstheorie«, S. 173.

sich die Meadsche Bestimmung des *generalized other*, die ja nach Mead erst in der Phase des Wettkampfspiels (*game*) greift, als zu rigoros. Es bedarf der hier aufgezeigten Differenzierung. Zumindest ist von einer noch gering ausgebildeten Form des *generalized other* bereits in der Phase der ödipalen Triade zu reden.

Die Kategorie des *generalized other* bedarf darüberhinaus weiterer Differenzierungen und Nuancierungen. So ist auch die den *generalized other* konstituierende Verinnerlichung des gesellschaftlichen Regel- und Normensystems überhaupt erst möglich auf der Folie universaler Regeln, auch und gerade der universalgrammatischen. Dies wird in den Mead-Rezeptionen in der Regel nicht gesehen. Damit aber wird das konstitutionstheoretische Begründungspotential bezüglich der Möglichkeit, historisch gesellschaftliche Regeln und Normen überhaupt verändern zu können, verschenkt. Denn Variabilität und Veränderbarkeit ist erst möglich auf der Folie eines Gemeinsamen, das heißt hier: der universalen Regeln. Ja, auch erst vor deren Hintergrund lassen sich konkrete Utopien des Möglichen entwerfen. Ein solcher Entwurf ist eben nicht möglich ohne die Existenz von Regelhaftigkeit und Regeln.

Hintergrund unserer Erörterung von Teilen der Meadschen Theorie der humanen Ontogenese, die freilich partiell noch im Übergangsbereich von der Phylogenese zur humanen Ontogenese liegen, war die Differenzierung der Kategorie der Rollenübernahme. Wir haben herausgearbeitet, daß *role taking* nichts Humanspezifisches ist, sondern bereits in rudimentärer Form auf der Folie von Gattungsbiogrammen und als Implikat von Mustern bzw. Generierungsformeln bei Tieren stattfindet. Die Rollenübernahme beim Menschen hat sich jedoch von dieser biogrammatischen Verankerung gelöst und beruht auf Symbolen, genauer auf der Folie der symbolisch vermittelten, syntaktischen Sprache. Was differenziert sich nun unter dieser Prämisse im Übergang von der Natur zur Kultur weiter aus? Es handelt sich um »die Differenzierung von Andersheit *(otherness)*«.[44] Denn: »Entscheidend ist, welche Strukturelemente differenziert werden, welche Perspektiven in der Sphäre des Anderen interpretiert und daraufhin übernommen werden. Die Entwicklung läßt sich also nicht durch das Entstehen von *role taking* erklären … Nicht das *role taking* selbst, sondern die Differenzierung der sozialen Positionen, der Elemente von sozialer Struktur, deren Perspektive man übernehmen muß, ist entscheidend. Die zentrale Frage lautet: ›Wie lernen Kinder die Differenzierung?‹«[45]

44 Ebd., S. 175.
45 Ebd.

Dieser Prozeß beginnt damit, daß das Kind lernt, zwischen sich und der Mutter zu differenzieren. Mit jeder neuen Figur, die im Leben des Kindes hinzutritt, wird die Übernahme von Perspektiven bis hin zur Gesellschaft erweitert. Dabei gilt: »Jedesmal, wenn ein neues Element hinzutritt, wird nicht nur die Perspektive dieses neuen Elementes mitübernommen, sondern auch die dadurch veränderte Gesamtheit.«[46] Während es auf der Ebene der subhumanen Gattungen eine Differenzierung in Form der Selbst-Anderer-Trennung nicht gibt, ist sie für die humane Gattung von entscheidender Bedeutung. Denn nun erst, mit Hilfe der symbolisch vermittelten, syntaktischen Sprache wird es möglich, eine solche Differenzierung vorzunehmen.

2.4. Ergänzung der Meadschen Konzeption durch die Neurowissenschaften – Die Entdeckung der Spiegelneuronen *(mirror neurons)* und ihre Bedeutung für die Entstehung der humanspezifischen Form der Kommunikation

Erst vor kurzem wurden in den Neurowissenschaften die Spiegelneuronen (*mirror neurons*) entdeckt, die von außerordentlichem Interesse für die Gestenkommunikation und die vokale Geste und damit den evolutiven Weg zur humanspezifischen Form der Kommunikation sind. Darüber hinaus eignen sie sich für eine Verifikation und Ausdifferenzierung bzw. Auffüllung der Meadschen evolutiven Theorie der Naturgeschichte und Sozialität.

Spiegelneuronen wurden zuerst im prämotorischen Cortex (F5) von Makakenaffen entdeckt.[47] Sie betreffen die vier Neuronentypen des Greifens, des Haltens, des Positionswechsels und der Manipulation. Die Spiegelneuronen werden aktiviert bei selbst ausgeführten Bewegungen und bei Beobachtung von Bewegungen bei anderen Gattungsexemplaren. Beobachtet ein Affe die Handlung (z. B. Greifen eines Gegenstandes) eines anderen Affen (bzw. des Versuchsleiters in einem Experiment), so führt dies zur Aktivierung der Spiegelneuronen. Diese beginnen zu feuern. Resultat dieser Aktivierung ist der Plan der eigenen Ausführung. Dieser Plan wird jedoch nicht umgesetzt, das heißt, es erfolgt kein Handlungsvollzug. Denn der Beobachter (Affe) »weiß«, daß er beobachtet; er kann sich gleichsam selbst wahrneh-

46 Ebd.

47 Gallese und Goldman, »Mirror neurons and the simulation theory of mind-reading«, S. 493-501.

men.[48] Das Interessante ist, daß die Spiegelneuronen beim Affen in der Nähe des Areals des Gehirns (F5) liegen, aus dem das motorische Sprachzentrum des Menschen, das Broca-Areal, entstanden ist. Nun ist es auch beim Menschen gelungen, solche Spiegelneuronen »in ungefähr demselben corticalen Areal in Nähe des Broca-Zentrums wahrscheinlich zu machen«.[49] Das Faktum, daß die Spiegelneuronen beim Menschen im Broca-Areal liegen, motiviert, wenn man die Evolutionsgeschichte berücksichtigt, sogleich Fragen nach dem Zusammenhang zwischen Gesten und der Entwicklung der Sprache. Was haben »Gebärden [Gesten] und ihr Anblick mit der Evolution von Sprache« zu tun?[50]

Gehen wir nun von der Meadschen Konzeption der sozialen Kooperation, und zwar innerhalb subhumaner Gattungen aus. Die in diesen immer schon gegebene biogrammatisch programmierte Gestenkommunikation erfährt im weiteren Verlauf der Evolutionsgeschichte eine Steigerung der Wechselseitigkeit, sobald Spiegelneuronen emergieren. Dies ist wohl seit ca. fünf Millionen Jahren in der Gestenkommunikation bei Großaffen der Fall. Beobachtet in einer solchen Gattung ein Exemplar *A* eine Handlung (Greifen, Halten, Positionswechsel, Manipulation) von Exemplar *B*, so werden dessen Spiegelneuronen aktiviert und aufgrund dieser Aktivierung entsteht ein Plan der eigenen Handlung, der jedoch nicht ausgeführt wird, weil Exemplar *A* »weiß«, daß es Exemplar *B* beobachtet. Damit erfährt zugleich die These des Immer-schon-Gegeben-Seins von Sozialität eine Bestätigung durch die Neurowissenschaften.[51] Sozialität im Sinne einer sozialen Kooperation muß nicht erst hergestellt werden; sie ist immer schon da, und zwar auf relativ frühen Vorläuferstufen der humanen Gattung. Eine weitere und die entscheidende Steigerung in der Reziprozität der Kommunikation wird durch die vokale Geste gestiftet. Entscheidend für das Funktionieren der vokalen Geste ist ein Muster, eine Generierungs- oder Erzeugungsformel, die sich ihrerseits naturgeschichtlich herausgebildet hat und im Biogramm einer je spezifischen Gattung fest verankert ist. Die Gattungsexemplare *A* und *B*

48 Ebd.; Roth, *Fühlen, Denken, Handeln*, S. 205, 385.

49 Roth, *Fühlen, Denken, Handeln*, S. 385. Zur Entdeckung der Spiegelneuronen siehe insbesondere: Rizzolatti u. a., »Premotor cortex and the recognition of motor actions«, S. 131-141; sowie Rizzolatti u. a., »Cortical mechanism subserving object grasping and action recognition: A new view on the cortical motor functions«, S. 539-552.

50 Roth, *Fühlen, Denken, Handeln*, S. 385.

51 Siehe dazu unten, Teil II, 1 und 2. Hier wird auch auf die Problematik der Grundbegriffe Interaktion und Intersubjektivität eingegangen.

sind – so unser Beispiel – im Besitz der Generierungsformel, haben diese gleichsam in den Verschaltungsplänen des Gehirns gespeichert, und nur insofern ist es möglich, daß Exemplar *A* als Sender dasselbe hört wie Exemplar *B* als Empfänger. Obgleich hier noch eine Reihe von Fragen zu klären ist, scheinen die Spiegelneuronen als neurophysiologisches und neuroanatomisches Substrat beim Zustandekommen der Generierungsformel eine entscheidende Rolle zu spielen. Insofern ist die vokale Geste ein anthropologisches Materiale, das auf den Universalismus der Grammatik vorgreift. Denn im weiteren Lauf der Evolutionsgeschichte erfolgt eine Steigerung der Spiegelneuronen in der Nähe des Broca-Areals des menschlichen Gehirns. Dies ist möglicherweise eine weitere Voraussetzung für die Emergenz einer symbolvermittelten, syntaktischen Sprache und einer Ausdifferenzierung der in rudimentärer Form schon bei Tieren stattfindenden Perspektivenübernahme, die sich auf der spezifischen Ebene der humanen Ontogenese um die Selbst-Anderer-Trennung und das Lernen sozialer Differenzierungen dreht.

In unserem Zusammenhang sind hier zwei Aspekte von Bedeutung. Zum einen ist es der neurowissenschaftliche Nachweis, daß Sozialität bereits auf der Ebene subhumaner Gattungen auf der Folie eingebauter Neuronen funktioniert. Dies sollte uns davor bewahren, Sozialisations- und Kommunikationstheorien zu entwerfen, die vom rational planenden Subjekt und der Koordination von individuellen Einzelhandlungen ausgehen.[52] Eine solche Vorgehensweise dürfte nun eindeutig als ein Kategorienfehler entlarvt sein. Zum anderen verweist die Entdeckung der Spiegelneuronen wiederum auf die Kontinuität der Naturgeschichte, an die die humane Gattung gleichsam anschließt, und auf die Diskontinuität, auf die Emergenz von Neuem. Im übrigen ist diese Dialektik von Kontinuität und Diskontinuität, von Determination und Emergenz ein basales Argument für die Begründung und Notwendigkeit einer interdisziplinären Sozialisationstheorie. Ohne die Erkenntnisse u. a. der Evolutionsbiologie, der Ethologie und der Neurowissenschaften einerseits und die der Sozialbzw. Kulturwissenschaften (Soziologie, Linguistik, Anthropologie u. a.) andererseits läßt sich das Verhältniss von Kontinuität und Diskontinuität nicht oder nur residual fassen.

52 Dieser fundamentale Kategorienfehler liegt einer vielbeachteten Kommunikationstheorie der Gegenwart, nämlich der von Jürgen Habermas, zugrunde. Siehe Habermas, *Theorie des kommunikativen Handelns*.

2.5. Sinn

Um die Meadsche Kategorie des Sinns zu fassen, ist vom Grunddatum des sozialen Aktes *(social act)* auszugehen. Der soziale Akt ist eine aus dem ständigen Strom sozialer Abläufe herausgegriffene Abstraktion. Wir abstrahieren immer schon von dem realen Kontinuum sozialer Abläufe, je nachdem, ob wir den sozialen Akt aus der Perspektive der Handlung *A* als Geste und der darauf folgenden Reaktion von *B* oder aus einer anderen Perspektive betrachten, in der die Handlung in der Position *B* steht.

Mead faßt die Entstehung von Sinn *(meaning)* im sozialen Akt als einem entäußerten Ablauf wie folgt: »Sinn ist daher die Entwicklung einer objektiv gegebenen Relation zwischen bestimmten Phasen des sozialen Aktes; er ist nicht ein psychisches Anhängsel zu diesem Akt und keine Idee im traditionellen Sinne. Die Geste eines Organismus, die Resultante des sozialen Aktes, in der die Geste eine frühe Phase darstellt, und die Reaktion eines anderen Organismus auf sie, das sind die relevanten Faktoren in einer dreifachen oder dreiseitigen Relation zwischen Geste und erstem Organismus, Geste und zweitem Organismus sowie Geste und anschließenden Phasen des jeweiligen sozialen Aktes; diese dreiseitige Relation ist die Grundsubstanz von Sinn oder zumindest die Substanz, aus der sich Sinn entwickelt. Die Geste steht für eine bestimmte Resultante des sozialen Aktes, eine Resultante, auf die es eine definitive Reaktion seitens der betreffenden Individuen gibt; Sinn leitet sich somit aus der Reaktion ab.«[53] Unter der Prämisse der schon behandelten Implikationen des Begriffs der Attitüde können wir dann sagen: Sinn entsteht im objektiv entäußerten Ablauf, der durch vorgegebene gattungsspezifische Ausstattungen bzw. Haltungen (*attitudes*) gewissen Präformationen unterliegt. Die Geste, die den sozialen Akt eröffnet, steht dabei für die Resultante, das heißt, die Geste als sichtbarer Teil des Aktes impliziert den Akt als Plan. Die dreiseitige Relation, die Sinn erst begründet, kann am Beispiel eines sozialen Aktes, in den die Individuen *A* und *B* involviert sind, wie folgt verdeutlicht werden. Die von Individuum *A* gesetzte Geste ruft eine Reaktion von Individuum *B* hervor; mit der Reaktion von Individuum *B* auf die Geste von Individuum *A* erhält diese Geste erst ihren Sinn; gleichzeitig ist mit dieser Reaktion ein sozialer Akt komplettiert. Die Komplettierung des Aktes läßt in der Unmittelbarkeit der Gegenwart eine Struktur *C* emergieren, die weder auf die

53 Mead, *MSS*, S. 76; ders., *GIG*, S. 115 f.

Geste von Individuum *A* noch auf die Reaktion von Individuum *B* reduzierbar ist. Die dyadische Relation von Individuum *A* und Individuum *B* wird durch den komplettierenden Akt zu einer triadischen Relation, indem zu Geste und Reaktion ein Drittes hinzukommt: eine resultierende Struktur. Die Struktur *C* in dem zwischen den Individuen *A* und *B* ablaufenden Akt ist ein emergierendes Ereignis *(emergent event),* das die Geste von *A* und die Reaktion von *B* transzendiert: Es ist die objektive Sinnstruktur des sozialen Aktes. Wir haben es daher mit einem Dritten zu tun, das weder auf die Geste von *A* noch auf die Reaktion von *B* reduzierbar ist. Dieses Dritte ist ein Emergentes, nicht schon Determiniertes.

Es ist nun zu unterscheiden, ob dieses Dritte auf der Ebene des Subhumanen oder der der humanen Gattung betrachtet wird. Auf der Ebene der subhumanen Gattungen ist dieser Ablauf durch feste biogrammatische Verdrahtungen gesteuert. Im Gegensatz zu subhumanen basieren humane Kommunikationsprozesse auf einer symbolisch vermittelten, syntaktischen Sprache und Regeln, die in der triadischen Relation des sozialen Aktes ein spezifisches Drittes konstituieren. Letzteres kann als eine regelhaft erzeugte objektive latente Sinnstruktur, die Zukunftsoffenheit erst ermöglicht, gefaßt werden. Denn nachdem die objektive latente Sinnstruktur eines sozialen Aktes vorliegt, kann sie zum Gegenstand einer Rekonstruktion gemacht werden. Damit aber ist potentiell Geschichte eröffnet, ergibt sich die Möglichkeit, das emergierte Neue zu begreifen, es in das Alte zu integrieren, und die Vergangenheit ein Stück weit zu begreifen sowie die Zukunft partiell zu antizipieren. Im übrigen ist dies ein Prozeß, der in wesentlichen Teilen im objektiven sozialen Außen abläuft. Insofern ist er auch nicht auf neuronale Abläufe auf seiten konkreter Individuen reduzierbar, gleichsam auf deren Folie erklärbar. Die empirische Realität der objektiven Sinnstrukturen als ein objektives soziales Außen ist mit neurophysiologischen oder neurobiologischen Kategorien nicht mehr zu erfassen. Das Dritte verweist damit zugleich auf die Grenzen der Erklärungsmöglichkeiten der Neurowissenschaften. So unabdingbar diese einerseits sind, um die neuronalen Substrate auf seiten der je konkreten Subjekte aufzuweisen, die notwendig sind zur Wahrnehmung, Kreativität, Kognition, Sprache und Kommunikation, so reichen sie andererseits nicht an das im Kommunikationsprozeß selbst bzw. in der triadischen Relation des sozialen Aktes als einem entäußerten Ablauf emergierende sinnstrukturierte Dritte, das Geschichte im Unterschied zu Naturgeschichte erst eröffnet, heran.

Gehen wir weiter auf das Dritte in Form der objektiven latenten Sinnstrukturen ein. Im human-sozialen Akt werden objektive latente

Sinnstrukturen erzeugt, die konstitutionslogisch betrachtet den mentalen Repräsentanzen der Kommunikationsteilnehmer vorgelagert sind. Zwar sind für die Initiierung humaner Kommunikationsprozesse subjektive Antizipationen auf seiten der – so unser Beispiel – kommunizierenden Individuen *A* und *B* unabdingbar, doch läßt deren Kommunikation eine Struktur *C* emergieren, die die subjektiv intentionalen Repräsentanzen der Individuen *A* und *B* transzendiert.[54] Sinn konstituiert sich – obgleich subjektive Antizipationen zum Zustandekommen der symbolisch vermittelten Kommunikation auf der Ebene der humanen Gattung notwendig sind – hinter dem Rücken der Initiatoren des Sinns; er liegt zeitlich und logisch in einer objektiven Sinnstruktur vor, bevor er auf der Folie signifikanter Symbole identifiziert und subjektiv intentional repräsentiert werden kann. Dazu nimmt Mead unmißverständlich Stellung, wenn er formuliert: »Das Ergebnis des jeweiligen sozialen Aktes ist von der darauf hinweisenden Geste eindeutig getrennt durch die Reaktion eines anderen Organismus auf sie, eine Reaktion, die auf das Ergebnis dieses Aktes hinweist, so wie es diese Geste anzeigt. Diese Situation ist allein auf der nicht-geistigen, nicht-bewußten Ebene gegeben, bevor sie auf der geistigen oder bewußten Ebene analysiert wird.«[55] Mead zieht eine klare Trennungslinie zwischen der Ebene des Objektiven und des Subjektiven, zwischen dem, was objektiver und dem, was subjektiver (intentional repräsentierter) Sinn ist. Insofern läßt sich auch sagen: Subjektive Antizipationen fallen nicht mit der in der triadischen Relation des sozialen Aktes emergierenden objektiven Sinnstruktur zusammen; im voraus ist dieser Sinn allenfalls partiell zu fassen. Die objektive Sinnstruktur ist ein außerhalb der sie in die Welt setzenden Kommunikationsteilnehmer sich Manifestierendes, Objektives, das diese erst in sich hereinholen müssen, um es begreifen zu können.

Für die strukturale Sozialisationstheorie bedeutet dies, daß sie bereits grundbegrifflich analytisch strikt trennen muß zwischen dem objektiven Sinn und dem subjektiv gemeinten Sinn. Vor dem subjektiven Sinn, der ein Derivat aus dem objektiven Sinn ist und diesen immer nur partiell und in der Regel verzerrt repräsentiert, muß sie den objektiven Sinn der je konkreten Ausdrucksgestalt in einem Akt der Interpretation erschließen.

54 Oevermann u. a. »Beobachtungen zur Struktur der sozialisatorischen Interaktion«, S. 384 f.

55 Mead, *MSS*, S. 79; ders., *GIG*, S. 119.

2.6. Sinn – Zeit – objektive Realität von Perspektiven

Mead hat immer wieder auf die Bedeutung des Zusammenhangs von Sozialität, Sinn und Zeit aufmerksam gemacht. Rekonstruieren wir daher die im Kontext der Konzeptualisierung der strukturalen Sozialisationstheorie relevanten fundamentalen Zusammenhänge von Sinn und Zeit, und versuchen diese systematisch mit Sozialität zu verbinden, bevor wir auf die objektive Realität von Perspektiven eingehen.

Meads Philosophie der Zeit, die den Versuch darstellt, die vier großen Strömungen in der Wissenschafts- und Philosophiegeschichte des 19. und 20. Jahrhunderts – die Evolutionstheorie, die Relativitätstheorie, die empirische Psychologie und die Mathematik bzw. mathematische Logik – in sich aufzunehmen, ist eine Philosophie der Gegenwart (*philosophy of the present*) mit dem zentralen Bezugspunkt des neuentstehenden Ereignisses (emergent event). Das neuentstehende Ereignis konstituiert eine Gegenwart. »Eine Gegenwart ist also – im Gegensatz zu der Abstraktion des reinen Ablaufs – kein irgendwo herausgeschnittenes Stück der zeitlichen Dimension einer einförmig ablaufenden Realität. Ihr wesentlicher Bezugspunkt ist das neuentstehende Ereignis (*emergent event*), das heißt, das Auftreten von etwas, das mehr ist als die Prozesse, die zu seinem Auftreten geführt haben, und was aufgrund seiner Veränderung, seines Andauerns oder seines Verschwindens späteren (Ereignis-)Abläufen einen Inhalt zufügt, den diese sonst nicht besäßen.«[56] Mead faßt in dieser Passage komprimiert Wesentliches seiner Zeitphilosophie zusammen. Ein neuentstehendes Ereignis strukturiert Zeit, das heißt eine Gegenwart, in die Vergangenheit und Zukunft in repräsentationaler Form eingehen. Meads Zeitphilosophie kulminiert daher in der These, »daß Realität in einer Gegenwart existiert«.[57] Dabei unterscheidet er zwischen einer aktuellen Gegenwart *(specious present)* und einer funktionalen Gegenwart. Die aktuelle Gegenwart verweist auf die Welt des Unmittelbaren und Unproblematischen. Diese Welt ist eine Welt des kontinuierlichen Vergehens; sie besteht nur für Augenblicke. Entscheidendes Charakteristikum der aktuellen Gegenwart ist ihr Ablauf *(passage)*, das heißt das ständige Übergehen von einer Gegenwart in eine andere Gegenwart im Sinne eines Überlappungsprozesses. Doch konstituiert dieses kontinuierliche Überlappen von einer Gegenwart in eine andere noch keine zeitliche Ordnung. Dazu ist ein neu entstehendes Ereignis not-

56 Mead, *Philosophie der Sozialität*, S. 252.
57 Ebd., S. 229.

wendig. Diese Kategorie entstammt der philosophischen Kosmologie Alfred North Whiteheads. Vor dem Hintergrund der Interpretation der Einsteinschen Relativitätstheorie entwirft Whitehead eine Konzeption der objektiven Realität als Abfolge raumzeitlicher Ereignisse. Die Welt besteht demzufolge aus einer Abfolge von Ereignissen, die sich wechselseitig überschneiden und an je spezifische Organismen gebunden sind. Meads Verwendung der Kategorie des Ereignisses rückt nun die Emergenz des Neuen in den Vordergrund. Emergenz verweist darauf, daß aus einer Kombination von Elementen etwas resultiert, das es zuvor nicht gab. Die Resultante kann dann nicht mehr in die Elemente der Kombination zerlegt werden, ohne daß sie ihre charakteristischen neuen Eigenschaften verlöre. Es handelt sich bei der Emergenz um eine kreative Rekombination des Alten, um etwas, das in dem Alten, aus dem es hervorging, nicht schon gegeben war; es ist das Neue des Alten. Die Emergenz des Neuen – von Mead unter Rekurs auf die biologische Evolutionstheorie und die moderne Physik begründet – läßt sich an der kreativ sich entfaltenden Natur ablesen, die permanent Neues aus sich heraustreibt. Erst ein emergierendes Ereignis, das heißt ein Ereignis, das neu und einzigartig ist, unterbricht den objektiven Zeitablauf im Sinne eines kontinuierlichen Vergehens und konstituiert eine Gegenwart mit den Zeitmodi Vergangenheit und Zukunft.

Wie kann man sich die Verbindung zwischen dem emergierenden Ereignis und der Gegenwart einerseits und der Vergangenheit und der Zukunft andererseits vorstellen? In dem folgenden Zitat hat Mead dazu Stellung genommen: »Das Verhältnis eines Ereignisses zu den Bedingungen, unter denen es auftritt, nennen wir kausale Verursachung. Die Beziehung des Ereignisses zu den ihm vorhergehenden Bedingungen konstituiert unmittelbar eine Geschichte, und die Einzigartigkeit des Ereignisses macht diese Geschichte zu einer auf dieses Ereignis bezogenen Geschichte. Der konditionierende Ablauf und das Auftreten des einzigartigen Ereignisses lassen Vergangenheit und Zukunft entstehen, wie sie in einer Gegenwart erscheinen. Die gesamte Vergangenheit ist als das konditionierende Moment des Ablaufs in der Gegenwart, und die gesamte Zukunft entsteht aus den einzigartigen Ereignissen der Gegenwart.«[58] Das Auftreten der Vergangenheit ist gar nicht denkbar ohne das emergierende Ereignis; sie ist an die Emergenz des Neuen in der Gegenwart gebunden. Die Vergangenheit existiert demzufolge nicht an sich, das heißt nicht unabhängig von der Gegenwart. Der durch das gegenwärtige emergierende Ereignis

58 Ebd., S. 264.

hervorgerufene Bruch in der Kontinuität konstituiert eine Geschichte, die auf die Einzigartigkeit jenes Ereignisses bezogen ist.

Da beide Zeitmodi durch die Emergenz des Neuen in der Gegenwart konstituiert werden, gilt der Charakter des Repräsentationalen für die Zukunft ebenso wie für die Vergangenheit. Eine Existenz an sich, unabhängig von der Gegenwart, kann der Zukunft ebensowenig zugeschrieben werden wie der Vergangenheit. Die Emergenz des Neuen macht es unmöglich, die Zukunft als prädeterminiert anzusehen, denn »jedes Zukünftige entsteht neu (*emerges*)«.[59] »Was geschehen wird, unterscheidet sich immer in gewisser Hinsicht von dem, was geschehen ist, und die Art dieser Abweichung ist etwas Unvorhersehbares.«[60]

Das Begriffsgeflecht von Ereignis, Emergenz, Gegenwart, Vergangenheit und Zukunft hat Mead mit der Kategorie der Perspektive verbunden. Er stützt sich dabei wiederum auf die Whiteheadsche Kosmologie. Nach deren Maßgabe existieren Perspektiven immer nur in Beziehung zu einem Organismus bzw. einem Ereignis. Unter Organismus bzw. Ereignis wird dabei jede Struktur verstanden, die im Universum existiert. Dazu zählen Atome und Lebewesen genauso wie der menschliche Geist. Die zentrale These besagt nun, daß die Natur in bezug auf einen Organismus in sich überschneidende Perspektiven gegliedert ist. »Jede derartige Struktur gliedert Natur durch Überschneidung in ihre Perspektive, sie hebt damit das ihr eigene Raum-Zeit-System vom allgemeinen Ereignis-Ablauf ab.«[61] Und weiter: »Was ich aus der Whiteheadschen Philosophie aufgreifen möchte, ist diese Konzeption der Natur als einer Organisation von Perspektiven, die in der Natur (selbst) liegen (...) Perspektiven sind weder Verzerrungen von irgendwelchen vollkommenen Strukturen noch Selektionen des Bewußtseins aus einer Gegenstandsmenge, deren Realität in einer Welt der Dinge an sich (*noumenal world*) zu suchen ist. Sie sind in ihrer wechselseitigen Bezogenheit aufeinander die Natur (...).«[62] Die Kategorie der Perspektive involviert die beiden wichtigen Aspekte der Objektivität und Organisation. Mead geht im Anschluß an Whiteheads Interpretation der Einsteinschen Relativitätstheorie von einer Konzeption der Natur als einer »Organisation von Perspektiven« aus, »die in der Natur (selbst) liegen«.[63] Obgleich die Perspektiven – und das ist das Revolutionäre der Whiteheadschen philosophischen

59 Ebd., S. 56.
60 Mead, *Gesammelte Aufsätze*, S. 148.
61 Mead, *Philosophie der Sozialität*, S. 215.
62 Ebd.
63 Ebd.

Kosmologie – immer kontextgebunden und relativ sind, besitzen sie Objektivität. Relativität meint hier also gerade nicht – und das ist im Zusammenhang der Entfaltung des Sinnbegriffs von entscheidender Bedeutung – etwas Subjektives, sondern Objektivität.

Perspektiven sind also nicht wie im Paradigma der deutschen Bewußtseinsphilosophie als etwas Subjektives zu bestimmen. Die Meadsche Konzeptualisierung der Kategorie der Perspektive geht nicht vom erkennenden Geist, sondern von der Natur selbst aus. Bezogen etwa auf eine je spezifische Gattung bedeutet dies, daß deren Perspektive immer schon gegeben und objektiv da ist. Zugleich gilt, daß es so viele Perspektiven wie Gattungen gibt. Die Naturgeschichte ist dann als eine Entfaltung verschiedener Perspektiven, die miteinander verknüpft sind, zu lesen. Dies gilt dann auch für die Herausbildung der humanen Gattung. Sie ist unter diesem Aspekt »eine explosionsartige Erweiterung und Universalisierung des Zusammenhangs von Perspektiven, letzten Endes nichts anderes als die Synthesis von allen nur denkbaren empirisch möglichen Perspektiven, in denen die zu prädizierenden stofflich-materiellen Gegenstände ... immer schon thematisch« sind.[64] Die Perspektiven sind Grundlage der Praxis der humanen Gattung. Sie sind immer schon gegeben, bevor die Analyse eines je spezifischen Gegenstandes einsetzt. Denn: »Diese Perspektiven, in denen der Gegenstand, schon bevor ich ihn untersuche, thematisch ist, sind das, was in der menschlichen Gattung die Praxis und in der subhumanen Gattung schlicht das Leben ist. Der Begriff ist nichts anderes als diese Synthesis aller derjenigen Perspektiven, die ich denkbarerweise auf diesen stofflich gegebenen Gegenstand oder auch, wenn es Bedeutungen sind, abstrakten Gegenstand richten kann. Sie sehen, wie die Erkenntnistheorie hier [bei Mead] im Grunde genommen in einer biologischen Erkenntnistheorie fundiert ist und nicht umgekehrt ...«[65]

Mit der Entstehung der Sprache auf der Ebene der menschlichen Gattung erweitern sich die Perspektiven wiederum. Denn nun ist die Situation da, in der »das erkennende Subjekt hypothetische Welten konstruieren kann, das heißt, die Gegenstände werden noch einmal in eine hypothetische Perspektive gerückt, denn die hypothetische Konstruktion von Welt bedeutet nichts anderes als hypothetische Perspektiven einzunehmen.«[66] Diese Perspektiven sind nun nicht im Sinne der Bewußtseinsphilosophie transzendentallogisch zu interpre-

64 Oevermann, »Vorlesungen zur Einführung in die soziologische Sozialisationstheorie«, S. 187.

65 Ebd.

66 Ebd.

tieren; sie sind – und dies gilt es nachdrücklich zu betonen – in die Praxis selbst eingebettet, dieser inhärent.

Wir müssen also bei der Analyse der sozialen Praxis davon ausgehen, daß diese eine objektive Realität von Perspektiven darstellt, die immer schon da ist, wenn wir mit unseren Rekonstruktionen beginnen. Ziel ist es dann, diese objektiven perspektivischen Zusammenhänge in ihrer objektiven Sinnstrukturiertheit zu dechiffrieren. Am Beispiel der Konstitution von Sinn im human-sozialen Akt können wir uns diesen Sachverhalt weiter verdeutlichen. Die Perspektive von Individuum *A*, das eine Geste setzt, wie auch die Perspektive von Individuum *B*, das auf diese von Individuum *A* gesetzte Geste reagiert, sind je spezifische objektive Perspektiven, die der Praxis selbst innewohnen. Bei der Sinnkonstitution aber haben wir es mit einer Synthese der Geste von *A* und der Reaktion von *B*, also mit sich überschneidenden und sich dadurch zugleich erweiterndern Perspektiven zu tun, die in einem Dritten koinzidieren und zur Emergenz eines Neuen in Form der objektiven latenten Sinnstruktur des je konkreten sozialen Aktes führen.

2.7. Sozialer Akt – Sinn – Zeit

Die Herstellung des Zusammenhangs von sozialem Akt, Sinn und Zeit ist unabdingbar, um den Identitätsformationsprozeß des Subjekts angemessen nachzeichnen zu können.

Die zentrale Frage, von der wir dabei ausgehen, ist die folgende: Wie kann es zu einer Verbindung von Gegenwart, Vergangenheit und Zukunft auf der Ebene von objektiven Sinnstrukturen kommen, die in der praktischen Handlung als einem sozialen Akt erzeugt werden? Einen Anschluß der Gegenwart an die Vergangenheit kann es nur geben, wenn das Vergangene nicht verlorengegangen, sondern in irgendeiner Form aufbewahrt worden ist. Da die Gegenwart der Ort der Realität ist und demgemäß die Emergenz des Neuen in der Gegenwart die zu dieser Gegenwart gehörende Vergangenheit immer schon unmittelbar bestimmt, gilt, daß die Herstellung der Verknüpfung von Gegenwärtigem und Vergangenem objektiv, das heißt unabhängig von jeglichen Bewußtseinsleistungen des Subjekts, erfolgt. Wie aber kommt nun die Verbindung von Gegenwärtigem und Vergangenem zustande? Der Anschluß des Gegenwärtigen an das Vergangene wie auch die Antizipation des Zukünftigen von der Gegenwart her erfolgt über die Kategorie des Sinns. Das emergierende gegenwärtige Ereignis definiert in der Unmittelbarkeit seines Auftretens das Ereignis (oder die Ereignisse), das (oder die) mit ihm in einem sinnlogischen Zusammenhang steht (stehen). Dies impliziert, daß mit der Emergenz des Neuen in der Gegenwart der sinnlogische Anschluß an das äquivalente vergangene Ereignis immer schon geschaffen ist, ehe irgendwelche Bewußtseinsleistungen des Subjekts relevant werden. Gegenwärtiges und vergangenes Ereignis liegen in sinnlogischer Verknüpfung immer schon vor, wenn die Reflexion des Subjekts einsetzt. Der sinnlogische Anschluß von gegenwärtigem und vergangenem Ereignis erfolgt auf der Ebene der objektiven latenten Sinnstruktur. Diese bildet die Sinnäquivalenzklammer, das heißt, sie stellt das verschiedenen Zeitpunkten angehörende Gemeinsame fest und verklammert es. Die objektive latente Sinnstruktur ist der unmittelbare Akt der Feststellung der Sinnäquivalenz; sie ist das Synchrone des Diachronen. Präsupposition der Reflexion des Subjekts ist eine sinnlogische Verknüpfung von gegenwärtigem und vergangenem Ereignis; sie erfolgt auf der Ebene der objektiven latenten Sinnstruktur, die sich in der triadischen Relation des sozialen Aktes konstituiert. Gerade im Hinblick auf die Konzeptualisierung einer strukturalen Sozialisationstheorie gilt es zwischen objektiver und subjektiver Rationalität zu differenzieren. Objektive Realität bezieht sich auf die Ebene der objektiven latenten Sinnstruktur; sie ist von der subjektiven Rationalität, die Resultat der Reflexion des Subjekts ist, zu unterscheiden. Objektive Rationalität ist gleichsam das Substrat, ohne das sich subjektive Rationalität gar nicht erst konstituieren könnte. Die objektive sinnlogische Verknüpfung von zwei auf verschiedenen Zeitebenen liegenden Ereignissen wird erst durch das soziale Regelsystem der Sprache und die Synchronizität der objektiven latenten Sinnstruktur ermöglicht. »Erst mit dem Regelsystem der Sprache wird Bedeutung kontextfrei in dem Sinne erzeugt, daß sich der Sinn der (Sprech-)Handlungen auch außerhalb des unmittelbaren, besonderen Handlungskontextes erschließt, diesen überdauert und als latenter Sinn in Texten aufbewahrt werden kann.«[67] Die Aufbewahrung des objektiven Sinns sozialer (Sprech-)Handlungen auch außerhalb seines unmittelbaren Entstehungszusammenhangs wird ermöglicht durch das supra-individuelle Regelsystem der Sprache, das zugleich Bedingung der Möglichkeit der Synchronizität der objektiven latenten Sinnstrukturen ist. Die Synchronizität der objektiven latenten Sinnstrukturen entzeitlicht die sozialen Ereignisse in dem Sinne, daß eine permanente sinnlogische Schaltung zwischen Gegenwärtigem und Vergangenem erfolgen kann.

67 Oevermann u. a. »Beobachtungen zur Struktur der sozialisatorischen Interaktion«, S. 385.

Diese konstitutionstheoretischen Erörterungen des Zusammenhangs von sozialem Akt (Handlung/Ereignis), Sinn und Zeit sind unentbehrlich bei der Grundlegung einer strukturalen Sozialisationstheorie, die sich nicht in die Sackgassen einer Handlungstheorie verstricken will, die immer schon vom sozialisierten rationalen Subjekt und dessen Koordinationsleistungen ausgeht. Sie verweisen auf eine Welt objektiver Sinnzusammenhänge, die durch soziale Akte in der Zeit emergiert.

2.8. Resultate und Kritik

Halten wir fest: Die Meadsche pragmatistisch-naturalistische Theorie der Naturgeschichte und Sozialität verhalf uns dazu, die Lévi-Strauss'schen Bestimmungen der Sozialität als einer zweckfrei sich reproduzierenden Reziprozität aufzufüllen und auszudifferenzieren. Dazu war zunächst der evolutionsgeschichtliche Weg zur humanspezifischen Form der Kommunikation über Geste, vokale Geste, einfache nicht-symbolisch vermittelte Gestenkommunikation, symbolisch vermittelte Gestenkommunikation und Perspektivenübernahme nachzuzeichnen. Dabei mußten zirkuläre Argumentationen Meads behoben und weitere Klärungen und Ausdifferenzierungen, die u. a. die vokale Geste und den generalisierten Anderen betrafen, unter Rekurs auf die vergleichende Ethologie (K. Lorenz), die Sprachtheorie (N. Chomsky) und die Neurowissenschaften (Gazzinaga, Rizzolatti, Gallese u. a.) vorgenommen werden. Im Anschluß daran wurden die Kategorien des sozialen Aktes, des Sinns, der Zeit und der objektiven Realität von Perspektiven erörtert und in einen systematischen Zusammenhang gebracht. Damit haben wir das Fundament der strukturalen Sozialisationstheorie um wichtige Dimensionen erweitert.

3. Die Universalgrammatik Noam Chomskys und ihre Implikationen für die Sozialisationstheorie und Sozialisationsforschung

Zur weiteren Ausdifferenzierung der gewonnenen Grundlagen der strukturalen Sozialisationstheorie rekurrieren wir nun auf Chomskys Theorie der Universalgrammatik. Wir stellen dabei zunächst das Kompetenz-Performanz-Paradigma dar, bevor wir auf verschiedene Implikationen der Chomskyschen Theorie für die Sozialisationstheorie und Sozialisationsforschung eingehen.

3.1. Das Kompetenz-Performanz-Paradigma

Die Differenz von Kompetenz und Performanz ist grundlegend für die Theorie der Linguistik von Noam Chomsky. Kompetenz verweist auf ein System formal-abstrakter grammatischer Regeln, das Bedingung der Möglichkeit des konkreten Sprachgebrauchs des Sprechers ist. Dieses System operiert im Sinne eines unbewußten Wissens *(tacit knowledge)* und bezieht sich auf die Ebene von Syntax und Phonologie. Im Initialzustand ist es genetisch bestimmt und wird durch Erfahrungen verfeinert.

Der über dieses System verfügende kompetente Sprecher ist in der Lage, ein intuitives Urteil über die Grammatikalität von Sätzen (grammatisch vs. ungrammatisch) zu fällen. »Wir können uns die Universalgrammatik im wesentlichen als das genetische Programm, als den Schematismus vorstellen, der den Bereich möglicher Realisierungen, also möglicher menschlicher Sprachen ermöglicht. Jede dieser möglichen Realisierungen ist ein möglicher stabiler Endzustand, die Grammatik einer Einzelsprache. Die Universalgrammatik ist ein System, das im Anfangszustand genetisch betimmt ist und unter erfahrungsmäßigen Bedingungen spezifiziert, genauer gefaßt, strukturiert und verfeinert wird, so daß sich die besonderen Grammatiken ergeben, die in den erreichten stabilen Zuständen repräsentiert sind.«[1] Und weiter: »Wir wollen die ›Universale Grammatik‹ als das System von Prinzipien, Bedingungen und Regeln definieren, die Elemente bzw. Eigenschaften aller menschlichen Sprachen sind, und zwar nicht nur zufälligerweise, sondern eben aus Notwendigkeit – wobei ich natür-

1 Chomsky, *Regeln und Repräsentationen*, S. 234 f.

lich an eine biologische, nicht an eine logische Notwendigkeit denke. Die Universalgrammatik kann man somit als Ausdruck des ›Wesens der menschlichen Sprache‹ verstehen. Die Universalgrammatik ist bezüglich aller Menschen invariant ... Jede menschliche Sprache stimmt mit der Universalgrammatik überein; Sprachen unterscheiden sich in anderen, zufälligen Eigenschaften.«[2] Bezogen auf den unbewußten Status der universalen Regeln beziehungsweise der Universalgrammatik heißt es: »Unter einer generativen Grammatik verstehe ich einfach ein Regelsystem, das auf explizite und wohldefinierte Weise Sätzen Struktur-Beschreibungen zuordnet. Offenbar hat sich jeder Sprecher einer Sprache eine generative Grammatik vollständig angeeignet, die seine Sprachkenntnis ausdrückt. Das will nicht heißen, daß er sich der Regeln der Grammatik bewußt ist, nicht einmal, daß er sie sich bewußt machen kann, und auch nicht, daß seine Angaben über seine intuitive Sprachkenntnis notwendig richtig sind. Jede interessante generative Grammatik wird es größtenteils mit mentalen Prozessen zu tun haben, die weit jenseits der Stufe aktueller und selbst potentieller Bewußtheit liegen; es ist weiterhin ganz augenscheinlich, daß die Berichte und Ansichten eines Sprechers über sein Verhalten und seine Kompetenz irrig sein können. Somit stellt eine generative Grammatik den Versuch dar, das zu spezifizieren, was der Sprecher wirklich kennt, und nicht das, was er über seine Kenntnis berichten kann.«[3]

Die Kategorie der Performanz *(performance)* bezieht sich auf »den aktuellen Gebrauch der Sprache in konkreten Situationen«.[4] Ihr liegt die grammatische Kompetenz zugrunde. Der aktuelle Sprachgebrauch kann durch unterschiedliche nicht-linguistische Faktoren in seiner Möglichkeit, von dem Gattungspotential der Komptenz ausreichend Gebrauch zu machen, beeinträchtigt sein.

Chomskys Erkenntnisinteresse konzentriert sich nicht auf die Sprachperformanz, sondern auf die Sprachkompetenz, auf die universalgrammatischen Regeln, die die Sprachkenntnis eines idealisierten Sprecher-Hörers konstituieren. Die Chomskysche Linguistik betrachtet »sprachliche Gebilde als Tatsachen sui generis ohne Berücksichtigung der situativen und historischen Bedingungen ihrer Produktion und Rezeption« und versucht, »adäquate Formalismen auf der Ebene mathematischer Modelle (vor allem innerhalb der Theorie der Automaten und der rekursiven Funktionen) zur Be-

2 Chomsky, *Reflexionen über die Sprache*, S. 41.
3 Chomsky, *Aspekte der Syntax-Theorie*, S. 19 f.
4 Ebd., S. 14.

schreibung der Grammatik natürlicher Sprachen zu entwickeln«.[5] Ziel ist der Entwurf »von formalen Grammatiktheorien, die alle wohlgeformten, grammatischen Sätze natürlicher Sprachen erzeugen können und darüber hinaus nur diese Sätze und nicht andere, ungrammatische Sätze«.[6]

Die Theorie der Universalgrammatik verweist auf die kreative Funktion der Grammatik und damit die Kreativität des menschlichen Geistes. Die menschliche Sprache ist – und hier steht Chomsky in der Tradition der Sprachtheorie Wilhelm von Humboldts – kreativ insofern, als in ihr unendlich viele Sätze auf der Folie eines Endlichen, nämlich der universalgrammatischen Regeln, erzeugt werden können. Der Sprecher einer Sprache ist in der Lage, Sätze zu produzieren und zu verstehen, die er vorher niemals gehört hat. »Die Annahme der kreativen Funktion der Grammatik läßt sich auch so formulieren, daß mit einer endlichen Menge von Regeln (sonst wäre die Grammatik nicht ›kreativ‹) und einer offensichtlich endlichen Menge von Elementen des Lexikons oder von Vokabeln eine unendliche Menge von Sätzen erzeugt werden kann, die grammatisch sind.«[7] Wir haben es dabei mit generativen Regeln als rekursiven Funktionen zu tun. Diese lassen sich wie folgt bestimmen. »Rekursive Mengen sind dadurch definiert, daß aufgrund eines expliziten, mehrfach anwendbaren Algorithmus nach einer endlichen Anzahl von Operationen angegeben werden kann, ob irgendein Element (ein Satz) zu einer definierten Menge (der Menge der grammatischen Sätze) gehört oder nicht. Eine allgemeine linguistische Theorie ist die Theorie einer generativen Grammatik genau dann, wenn sie einen Algorithmus oder ein System von grammatischen Regeln zur Erzeugung von rekursiven Mengen grammatischer Sätze konstruiert.«[8]

Die Chomskysche generative Transformationsgrammatik ist empirisch. Und zwar ist sie dies genau in dem Maße, in dem ein Kriterium für die Unterscheidbarkeit von grammatischen und ungrammatischen Sätzen angegeben werden kann. Kriterium ist das intuitive unbewußte Wissen, das Regelbewußtsein im Kopf des kompetenten Sprechers. Diese Intuition hat zu ihrer Grundlage die grammatische Kompetenz; sie ist also alles andere als unbegründet. Denn: »Dieses Kriterium der Sprachintuition ist ohne den parallel entwickelten Begriff der grammatischen Kompetenz nicht zu denken. Ein intuitives Urteil

5 Oevermann, »Die Architektonik von Kompetenztheorien und ihre Bedeutung für eine Theorie der Bildungsprozesse«, S. 20.

6 Ebd.

7 Ebd., S. 21.

8 Ebd.

über die Grammatikalität von Sätzen kann ein Sprecher nur fällen, weil er über die durch die generativen Grammatikregeln konstituierte Kompetenz verfügt ...«[9]

Zentrale Aufgabe der linguistischen Theorie ist die Formulierung von Universalien. Chomsky unterscheidet in seiner Grammatiktheorie zwei Formen von linguistischen Universalien, und zwar formale *(formal)* und substantielle *(substantive)*. Er beschreibt die substantiellen Universalien wie folgt: »Eine Theorie der substantiellen Universalien behauptet, daß bestimmte Einheiten, die in jeder Sprache vorkommen, aus einer festgesetzten Klasse von Einheiten entnommen werden. So kann zum Beispiel Jakobsons Theorie der distinktiven Merkmale als eine Hypothese über substantielle Universalien hinsichtlich der phonologischen Komponente einer generativen Grammatik interpretiert werden. Sie besagt, daß jede Ausgabe dieser Komponente aus Elementen besteht, die mit Hilfe einer kleinen Zahl (etwa 15 bis 20) von festgelegten universellen phonetischen Merkmalen charakterisiert werden kann, wobei jedes Merkmal eine substantielle akustisch-artikulatorische Charakteristik aufweist – unabhängig von jeder Einzelsprache.«[10] Auf einer abstrakteren Ebene angesiedelt sind die formalen Universalien, die aus universell geltenden Regelstrukturen bestehen. Chomsky beschreibt diesen Typ der linguistischen Universalien wie folgt. »Betrachten wir die Behauptung, daß die Grammatik jeder Sprache bestimmte spezifizierte formale Bedingungen erfüllen muß. Die Wahrheit dieser Hypothese impliziert nicht von sich aus, daß irgendeine einzelne Regel in allen oder auch nur in zwei Grammatiken erscheinen muß. Die Eigenschaft, eine Grammatik zu haben, die eine bestimmte abstrakte Bedingung erfüllt, könnte ein formales (formal) linguistisches Universale genannt werden, falls gezeigt werden kann, daß es sich um eine generelle Eigenschaft natürlicher Sprachen handelt. Neuere Versuche, die abstrakten Bedingungen, die eine generative Grammatik zu erfüllen hat, zu spezifizieren, haben eine Vielfalt von Vorschlägen betreffs formaler Universalien in diesem Sinne hervorgebracht. Nehmen wir zum Beispiel den Vorschlag, daß die syntaktische Komponente einer Grammatik Transformationsregeln enthalten muß (Operationen ganz spezieller Art), die semantisch interpretierte Tiefenstrukturen auf phonetisch interpretierte Oberflächenstrukturen abbilden; oder den Vorschlag, daß die phonologische Komponente einer Grammatik aus einer Folge von Regeln besteht, von denen eine Teilmenge zyklisch auf fortschreitend höhere

9 Ebd., S. 25.
10 Chomsky, *Aspekte der Syntax-Theorie*, S. 44 f.

Konstituentien der Oberflächenstruktur angewandt werden kann.«[11] Eine Sprachtheorie, die die menschliche Sprachfähigkeit erklären will, muß beide Formen der linguistischen Universalien, die substantiellen und die formalen, mit einbeziehen. »Im allgemeinen besteht kein Zweifel, daß eine Sprach-Theorie, betrachtet als eine Hypothese über die angeborene Fähigkeit des Menschen, eine Sprache auszubilden (*language-forming capacity*), sowohl die substantiellen wie auch die formalen Universalien in Betracht ziehen muß.«[12]

Chomskys Grammatiktheorie ist nicht nur für die Theorie der sprachlichen Kompetenz, sondern u. a. auch für eine Theorie der Kompetenzentfaltung auf der Ebene der Ontogenese von Relevanz. Dabei geht es um die Grundlagen des Spracherwerbs. Chomsky geht von einem angeborenen Spracherwerbsapparat, einer reichhaltigen angeborenen Universalgrammatik aus. Er versucht, sie mit Hilfe der Humanbiologie zu erklären. Wir können heute davon ausgehen, daß dabei neurale Strukturen eine bedeutende Rolle spielen. Die Universalgrammatik ist Teil des Genotyps. »Man kann sich den Genotyp als eine Funktion vorstellen, welche die gesammelten Erfahrungen in den Phänotyp abbildet. So verstanden ist die Universalgrammatik ein Bestandteil des Genotyps, der die gemachten Erfahrungen in eine einzelsprachliche Grammatik abbildet, die das System der reifen Kenntnis einer Sprache ausmacht, ein relativ stabiler Zustand, der zu einem bestimmten Zeitpunkt im normalen Leben erreicht wird.«[13] Es sind die angeborenen Initialstrukturen, die den Prozeß des Spracherwerbs des Kindes entscheidend bestimmen. Zudem ist das Kind bei der Erlernung der Sprache aktiv beteiligt durch die Erzeugung und das Testen von Hypothesen. In komprimierter Form kann man diesen Prozeß des Spracherwerbs wie folgt zusammenfassen: »Das Kind erwirbt in vergleichsweise kurzer Zeit, offensichtlich bis zum 5. oder 6. Lebensjahr, ein ungeheuer abstraktes und kompliziertes Regelsystem, das ihm die kreative Dimension des Sprachgebrauchs und damit das entscheidende Medium seiner Geistestätigkeit eröffnet. Dieser Erwerb vollzieht sich trotz des vergleichsweise chaotischen und eingeschränkten sprachlichen Stimulationsmaterials. Alle Kinder einer Muttersprache erwerben als wesentliche Voraussetzung späterer intersubjektiver Verständigung das gleiche oder doch weitgehend gleiche grammatische Regelsystem, obwohl sie in ihrer individuellen Umwelt mit sehr unterschiedlichem Stimulationsmaterial konfrontiert sind.«[14]

11 Ebd., S. 45 f.
12 Ebd., S. 47.
13 Chomsky, *Regeln und Repräsentationen,* S. 71.
14 Oevermann, »Die Architektonik von Kompetenztheorien«, S. 31.

3.2. Implikationen für die Sozialisationstheorie und Sozialisationsforschung

Die Chomskysche Theorie der Universalgrammatik hat verschiedene Implikationen für die strukturale Sozialisationstheorie. Im folgenden sollen die in unserem Zusammenhang wichtigsten systematisch dargestellt werden.

3.2.1. Das erkenntnisanthropologische Apriori von Kultur und Lebenspraxis

Die Universalgrammatik, evolutiv bereits antizipiert in der Strukturgesetzlichkeit der vokalen Geste als einer algorithmisierbaren Sequenz, spielt eine wichtige Rolle im Transformationsprozeß von Natur in Kultur. Sie ist eine anthropologische Voraussetzung der Entstehung der menschlichen Geschichte. Präziser: Bei der Universalgrammatik handelt es sich um »ein materiales erkenntnis-anthropologisches Apriori als Emergenz der Gattungsgeschichte«.[15] Die Universalgrammatik ermöglicht erst den Entwurf hypothetischer Welten und damit die Überschreitung des unmittelbaren, gegenwärtigen Hier und Jetzt. Insofern ist sie eine Bedingung der Möglichkeit von Geschichte, Kultur, Lebenspraxis und damit auch humaner Sozialisation.

3.2.2. Die Einheit von Transzendentallogik und Erfahrungswissenschaft bzw. von Logik und Empirie

Chomskys Theorie stellt eine Einheit von tranzendentallogischen Annahmen und erfahrungswissenschaftlichen Gesetzeshypothesen dar. Transzendentallogisch ist diese Theorie insofern, als sie Bedingungen der Möglichkeit des Sprachgebrauchs formuliert. »Analog den Apriori-Kategorien des erkennenden Verstandes werden die a priori geltenden Kategorien des Sprache gebrauchenden Verstandes expliziert, auf die wir einsehbar unser Handeln, ob wir wollen oder nicht, gründen und immer gegründet haben.«[16] Erfahrungswissenschaftlich ist diese Theorie insofern, als es sich um die Explikation von empirisch

15 Ebd., S. 33.
16 Ebd.

prüfbaren Strukturen handelt. Damit ist ein neuer Typus von Wissenschaft geschaffen, dessen zentrales Charakteristikum die Einheit von Transzendentallogik und Erfahrungwissenschaft bzw. von Logik und Empirie ist. Auf die Folgen dieses neuen Wissenschaftsverständnisses werden wir anläßlich der Behandlung des Zusammenhangs von Erkenntnistheorie und Sozialisationstheorie noch eingehen.

3.2.3. *Forschungsmethodologie*

Die Chomskysche Forschungsmethodologie verweist auf die Notwendigkeit interpretativen Vorgehens einerseits und auf die Reihenfolge dieses Vorgehens andererseits. Im Zentrum des Chomskyschen forschungsstrategischen Vorgehens steht die Explikation von realen Bewußtseinsstrukturen, die interpretativ erschlossen werden. Dies ist ein Plädoyer für die Prärogative der methodisch geleiteten Interpretation im Forschungsprozeß. Des weiteren gilt: »Bevor genetische oder – wenn überhaupt – kausalanalytische Fragen sinnvoll gestellt werden können, muß eine Explikation der Struktur des Handelns und der Struktur des Bewußtseins vorliegen.«[17] Das heißt: Vor der Untersuchung der Genese sprachlicher Äußerung muß die der Struktur erfolgen. Die Rekonstruktion der Synchronie geht der der Diachronie voraus. Oder anders formuliert: Die »Was-Frage« muß vor der »Wie-Frage« beantwortet werden.[18]

3.2.4. *Das intuitive Urteil der Angemessenheit*

Das intuitive Urteil der Grammatikalität ist nicht bodenlos, willkürlich oder irrational; es basiert auf der Kompetenz. Es sind Regelsysteme, die als reale Bewußtseinsstrukturen das Urteil über die Grammatikalität bedingen. »Dieser Umstand eröffnet der sozialwissenschaftlichen Forschung eine den Naturwissenschaften unbekannte Ebene von Daten: Nicht die Beobachtung des Gegenstandes durch den Wissenschaftler liefert die entscheidenden Daten, sondern das Anhören bzw. die Evokation eines Urteils der Angemessenheit auf seiten des Untersuchungssubjekts-objekts.«[19] Vor diesem Hintergrund zeigt sich auch, daß der Beobachtung in der Wissen-

17 Ebd., S. 34 f.
18 Siehe dazu auch Kapitel 4.5 dieser Studie (Strukturale Methode).
19 Oevermann, »Die Architektonik von Kompetenztheorien«, S. 35.

schaft oftmals ein Stellenwert zugeschrieben wird, der ihr schlicht nicht zukommt. Verwiesen sei dazu etwa auf die Luhmannsche Systemtheorie, in der die Kategorie der Beobachtung eine Hypostasierung erfährt.

3.2.5. Die Universalität und Invarianz der universalgrammatischen Regeln

Den von Chomsky untersuchten grammatischen Regeln kommen die Struktureigenschaften der Universalität und Invarianz zu. Sie sind formal-abstrakte Bedingungen der Möglichkeit menschlichen Handelns. »Sie müssen angesehen werden als formale, inhaltsindifferente Regeln, die durchaus mit einem abstrakten Komputations-Schema vergleichbar sind. Mit ihnen ist der menschliche Geist zur formalkreativen Bewältigung seiner inhaltlichen Handlungsprobleme ausgestattet. In einem anderen Zusammenhang werde ich auf das diese Interpretation stützende Argument eingehen, daß nämlich diese Regeln zwar der ›Einsicht‹ zugänglich sind und reflektiert ›mißachtet‹ werden können, jedoch ... durch Reflexion nicht angetastet werden können: Wir können über ›Sinn‹ oder ›Unsinn‹ der von Chomsky gemeinten grammatischen Regeln ... nachdenken, wie wir wollen, wir werden sie nicht verändern. Im Gegenteil: jedes neue Nachdenken über sie liefert einen neuen Beweis für ihre Unveränderbarkeit, weil es sich auf ihre Geltung stützen muß.«[20] Universalgrammatische Regeln sind invariant und durch Reflexionsprozesse nicht veränderbar. Was veränderbar und falsifizierbar ist, ist lediglich ihre wissenschaftliche Rekonstruktion.

3.2.6. Die Analyse universeller Handlungsstrukturen als Grundlage von Sozialisationsprozessen

Die Chomskysche Theorie zeigt exemplarisch, daß es für die Sozialisationsforschung und -theorie basal ist, zunächst einmal die universellen Handlungsstrukturen zu untersuchen, bevor nach individuellen Differenzen gefragt wird. Letztere sind nur auf der Folie des Universalen methodisch angemessen offenzulegen. Am Beispiel des Verhälnisses von Kompetenz und Performanz zeigt sich nämlich, »daß der Performanzaspekt ohne die Explikation des Kompetenz-

20 Ebd., S. 44 f.

aspektes sinnvoll nicht untersucht werden kann, da ja Performanz immer als Form der Realisierung einer Kompetenz betrachtet werden muß«.[21] Dies ist ein wichtiger Beitrag zur Konzeptualisierung der Dialektik von Universalität und Historizität und zum Vorgehen in der Sozialisationsforschung.

3.2.7. Der generative Regelbegriff

Chomskys Theorie hat uns erst zu einem fundierten generativen Regelbegriff verholfen. Seine Entdeckung von generativen Regeln im Bereich der Sprache läßt sich auch auf anders geartete Regeln anwenden. Um dies zu verdeutlichen, ist an die kreative Funktion der Grammatik zu erinnern. Das Spezifische der Universalgrammatik besteht darin, daß sie durch eine endliche Anzahl von Regeln eine unendliche Anzahl bisher nie formulierter Sätze zu erzeugen erlaubt. Chomsky hat diesen Mechanismus unter Rückgriff auf die Theorie rekursiver Funktionen formuliert. Er hat gezeigt, daß die universalgrammatischen Regeln im Sinne eines rekursiven Algorithmus funktionieren. Das Revolutionäre dieser Erkenntnis für die Humanwissenschaften besteht darin, daß hier ein Grundmodell gewonnen wurde und seither zur Verfügung steht, das einerseits empirisch überprüfbar ist und das andererseits bezüglich seiner kreativen Funktion, auf der Grundlage von Endlichem Unendliches, von Altem Neues zu erzeugen, auf die Funktionsweise objektiver Strukturen unterschiedlicher Typen angewendet werden kann. Bezogen auf eine Theorie der Bildungsprozesse des Subjekts heißt dies: »Die Kompetenztheorie Chomskys kann ... unabhängig von ihrem Gegenstand als paradigmatisch für die Struktur einer Theorie der Bildungsprozesse herangezogen werden. Für die folgende Diskussion unterstelle ich, daß, einer späteren Analyse vorgreifend, die kompetenztheoretische Explikation auch auf andere, kognitive Bewußtseinsstrukturen der ›autonomen, mit sich identischen Person‹ ausgeweitet werden kann, etwa auf die Struktur der formalen logischen Operationen, wie sie Piaget untersucht hat, und auf die Fähigkeit der Erkenntnis durch Anwendung der von Peirce herausgearbeiteten drei Grundformen des deduktiven, induktiven und abduktiven logischen Schließens.«[22] Der generative Regeltypus ist jedoch nicht auf Strukturen universaler Geltungsreichweite beschränkt, sondern kann auch auf solche mit einer

21 Ebd., S. 41.
22 Ebd., S. 40.

geringeren historisch-gesellschaftlichen und subkulturellen Reichweite angewendet werden.

3.2.8. Kreativität und Bildung

Eine weitere Bedeutung der Chomskyschen Kompetenztheorie für eine Theorie der Bildungsprozesse zeigt sich, wenn wir den Zusammenhang von Kreativität und Bildung betrachten. Die kreative Funktion der Sprache verweist auf Autonomie. »Ohne Zweifel ist damit ein wichtiger Aspekt der Struktur der ›autonom handlungsfähigen, mit sich identischen Person‹ bezeichnet. Die Beherrschung der ›kreativen Funktion‹ der Sprache sichert dem Subjekt ein Stück Autonomie. Schon die Annahme der angeborenen Universalgrammatik verweist in der Ontogenese der grammatischen Kompetenz auf die Selbsttätigkeit des Subjekts, das nicht nach dem Modell einer ›tabula rasa‹ das Feld seiner künftigen Verstandestätigkeit gleichsam in der Übernahme vorfabrizierter Strukturen der Außenwelt auffüllen läßt, sondern selbsttätig das sprachliche Datenmaterial seines Handlungs- und Wahrnehmungsfeldes strukturiert durch systematische und prinzipiengeleitete Abstraktion von ›dahinterliegenden‹ Regeln.«[23] Zugleich verweist das kreative Moment auf die Entwicklungsoffenheit der Bildungsprozesse des Subjekts.

3.2.9. Performanzbestimmende Faktoren

Im Verhältnis von Kompetenz und Performanz stellt sich die Frage danach, inwieweit das Subjekt das ihm zur Verfügung stehende gattungsspezifische Potential von Handlungsmöglichkeiten realisiert. Auf dieser Ebene geht es um die Untersuchung von individuellen Unterschieden. Es dürfte klar geworden sein, daß sich erst auf der Grundlage der Kompetenztheorie die performanzbestimmenden Faktoren angemessen bestimmen lassen. Zu diesen individuelle Differenzen erzeugenden Faktoren zählen vor allem die »linguistischen Codes« als soziale Strategien des Symbolgebrauches (Gebrauch eines restringierten oder elaborierten Codes, Strategie der minimalen Verbalisierung oder Strategie der autonomen Verbalisierung), die »kognitiven Stile« und die »Abwehrmechanismen« im psychoanalytischen Sinne. Die Schwierigkeit bei der Bestimmung des Perfomanzaspekts

23 Ebd., S. 38.

hat Oevermann wie folgt beschrieben: »Während die Explikation von der Kompetenz unterliegenden kognitiven Regelsystemen und Strukturen, sofern einmal die Architektonik von Kompetenztheorien einigermaßen geklärt ist, sich auf reichhaltige Arbeiten in der Erkenntnistheorie, der Linguistik, der Logik und der Axiomatik der Mathematik stützen kann, und ein logisch klar umrissenes Untersuchungfeld vor sich hat, bereitet die Behandlung des performanzbestimmenden dynamischen Aspekts der Konstitution des sozialen Selbst wahrscheinlich deswegen vergleichsweise größere Schwierigkeiten, weil wir hier außer in der Metapsychologie der Psychoanalyse auf allgemeine Modelle kaum zurückgreifen können und weil es hier nicht mehr um die Rekonstruktion universeller Strukturen, sondern zunächst einmal um die Rekonstruktion konkreter Lebensgeschichten geht.«[24]

24 Ebd., S. 55 f.

4. Die Logik des Sozialen

Die Rekonstruktion des Lévi-Strauss'schen Strukturalismus, des Meadschen Pragmatismus und der Chomskyschen Universalgrammatik verhilft uns dazu, eine Theorie der Logik des Sozialen auf erfahrungswissenschaftlicher Basis zu entwerfen, die als eine erste, weiter auszudifferenzierende Grundlage der strukturalen Sozialisationstheorie gelten kann.[1]

4.1. Sinn und Funktion[2]

Es geht in diesem Abschnitt darum, die Unreduzierbarkeit und Eigenständigkeit der Kategorie ›Sinn‹ für die Grundlegung einer strukturalen Sozialisationstheorie stark zu machen. Dies geschieht hier durch die Abgrenzung von der Kategorie ›Funktion‹.

Funktion wird dabei im Sinne biologischer Gesetzlichkeiten im Rahmen subhumaner Gattungsprogramme verstanden. Die Rekonstruktion der Entwicklung vom Subhumanen zum Humanen zeigt, daß die Funktion gleichsam eine Vorläuferform von Sinn ist. Ist die Naturgeschichte einmal um die Geschichte ergänzt, so tritt anstelle von Funktion Sinn. Zugleich aber emergiert mit dem Phänomen Sinn etwas Neues. Wir haben es – im Sinne der Dialektik von Kontinuität und Diskontinuität – bei gleichzeitiger Aufrechterhaltung des biologieverankerten Gattungsprogramms auf der Ebene der humanen Gattung mit der Sinnstrukturiertheit von Handeln zu tun. Dies ist gegenüber der für die Evolution insgesamt geltenden Zukunftsoffenheit eine qualitativ neue Form von Zukunftsoffenheit, die unter der Voraussetzung von Sprache und auf der Basis von rekursiv algorithmisch regelhaft erzeugten Handlungsmöglichkeiten eröffnet und durch die Auswahl einer Handlungsinstanz (Individuum, Gruppe, etc.) geschlossen wird. Zukunftsoffenheit konstituiert sich zusätzlich in spezifisch historischer Form und in konkreten historischen Situationen.

1 Zur Ausdifferenzierung werden hinzugezogen und partiell einer strukturalen Rekonstruktion unterzogen die Konzeptionen von u. a. Ch. S. Peirce, J. Piaget, J.R. Searle, S. Freud und P. Bourdieu sowie weitere wichtige Resultate der modernen Neurowissenschaften (W. Singer, G. Roth). Siehe dazu Wagner, *Krise und Sozialisation. Strukturale Sozialisationstheorie II*.

2 Ich stütze mich bei diesen Ausführungen vor allem auf Aufzeichnungen und Protokolle aus Oevermanns Seminar »Der Lévi-Strauss'sche Strukturalismus I« im Wintersemester 1982/83.

Sinn als ein Drittes verweist auf eine neue Form von Zukunftsoffenheit. Die Kategorie Sinn kann daher nicht auf die biologische Kategorie Funktion reduziert werden. Denn letztere vermag nur Prozesse von sozialen Abläufen zu erfassen, die einer festen biogrammatischen Verdrahtung unterliegen. Aus diesen emergiert aber nicht ein zukunftsoffenes, sinnstrukturiertes Drittes. Die biologische Kategorie Funktion vermag daher objektiv sinnstrukturierte Gesetzlichkeiten – das heißt auch: Geschichte – nicht zu erfassen. Es ist also die Kategorie des Sinns und damit die Sinnstrukturiertheit von Handeln und die ihr eigene Zukunftsoffenheit und nicht die biologische Kategorie der Funktion für die strukturale Sozialisationstheorie von Relevanz.

Übrigens läßt sich vor dem Hintergrund dieser Erörterung das Postulat der Interdisziplinariät strukturaler Sozialisationstheorie gut begründen. In unseren Argumentationszusammenhängen dürfte evident geworden sein, daß das Humanspezifische immer anschließt an das, was in der Biologie schon vorhanden war, es gleichsam verfeinert und ausdifferenziert (Funktion als Vorläuferform von Sinn oder vokale Geste als Antizipation der Universalgrammatik). Dies bedeutet dann, bezogen auf die Sozial- und Kulturwissenschaften, daß diese immer schon anschließen an die Biologie (Evolutionsbiologie, Neurobiologie). Am Beispiel des Verhältnisses von Soziologie und Biologie soll dies näher gezeigt werden. Soziologie und Biologie weisen mindestens vier konstitutionstheoretische und methodologische Gemeinsamkeiten auf:

- Sie lassen sich in eine gemeinsame evolutionstheoretische Perspektive einrücken.
- Sie müssen ihre erkenntnistheoretischen Grundlagen in einer materialen evolutionstheoretischen Perspektive aufsuchen.
- Beide haben mit dem Problem der sozialen Organisation der sexuellen Reproduktion vermittels verwandtschaftsartiger Gebilde zu tun.
- Sie stehen im Verhältnis von Kontinuität und Diskontinuität zueinander. So ist die biologische Kategorie der Funktion eine Vorläuferform der soziologischen Kategorie des Sinns.

Es wird hier deutlich, daß funktionalistische Theorien von Gesellschaft, die die biologische Betrachtung von funktionalen Beziehungen – gekoppelt mit einer systemtheoretischen Perspektive – auf Gesellschaft übertragen, zu kurz greifen (z. B. Malinowskis Kulturanthropologie; Parsons Systemtheorie).[3]

3 Übrigens gilt dies auch für die Luhmannsche Systemtheorie. Sie vermag die Kategorie des Sinns – allein schon aus Gründen der ungenügenden Offenlegung des Übergangs von der Natur zur Kultur und der fehlenden Basis der

4.2. Der objektive Strukturbegriff

Es ist nun der objektive Strukturbegriff, den wir der strukturalen Sozialisationstheorie zugrunde gelegt haben, systematisch zu bestimmen. Dieser Strukturbegriff muß, um die Kategorienfehler und Aporien traditioneller Ansätze von Entwicklungs- und Sozialisationstheorien zu vermeiden, folgende Bedingungen erfüllen:

- Er muß die kleinstmögliche analytische Einheit des Sozialen innerhalb der menschlichen Gattungsgeschichte darstellen.
- Er muß den zweiseitigen Reduktionismus auf mentale Repräsentanzen, innerpsychische Strukturen sowie bewußte Ich-Leistungen der Subjekte einerseits und vorsoziale naturhafte Substrate bzw. die außersoziale Objektwelt andererseits vermeiden.
- Er muß sich als Grundlage für die Integration der universalen invarianten und der historisch gesellschaftlich spezifischen variablen Strukturen eignen. Das heißt, er muß einen strukturtheoretischen Bezugsrahmen abgeben, in dem Strukturen unterschiedlichen Aggregierungsniveaus bzw. unterschiedlicher Geltungsreichweite verortet werden können.

Die ersten beiden Bedingungen sind durch den Ausgang von der objektiven Strukturiertheit bzw. Strukturgesetzlichkeit von Sozialität als einer zweckfrei sich reproduzierenden Reziprozität erfüllt. Dazu war die Rekonstruktion des Lévi-Strauss'schen Strukturalismus unabdingbar. Dabei ist allerdings gegenüber Lévi-Strauss hervorzuheben, daß diese Strukturgesetzlichkeit zugleich Transformationen herbeiführt, also mit einer Transformationsgesetzlichkeit zusammenfällt. Gehen wir nun auf die dritte Bedingung, die Einbettung universaler und historischer Strukturen in die Grundform der objektiven Strukturgesetzlichkeit von Sozialität, näher ein.

Dazu ist der Entwurf einer Architektonik von Strukturen unterschiedlicher Geltungsreichweite gefordert. Zunächst differenzieren wir zwischen den universalen und den historischen Strukturtypen.

universalen Strukturgesetzlichkeiten und Regeln – nicht adäquat zu bestimmen. Der Versuch, die Erzeugung von Sinn mit der Operation der Komplexitätsreduktion zu erklären, führt in eine Aporie. Denn der Begriff der Komplexität von Welt als Grundbegriff der Systemtheorie setzt selbst schon eine Kategorie von Sinn voraus. Insofern läßt sich auch Geschichte, die eine neue nicht-reduzierbare Ebene der Sinnstrukturiertheit aufweist, systemtheoretisch nicht mehr angemessen erfassen. Zur Auseinandersetzung mit Luhmann siehe die Kritik von J. Habermas in: Habermas/Luhmann, *Theorie der Gesellschaft oder Sozialtechnologie*, S. 142-290.

Strukturen mit universaler Geltungsreichweite geben formal-abstrakte Bedingungen der Möglichkeit humanen Handelns ab. Universal sind diese Strukturen nur mit Bezug auf die menschliche Gattung. Sie sind ihrerseits Produkte naturgeschichtlicher Strukturtransformationsprozesse und insofern – in der weiteren Perspektive auf die Naturgeschichte – historisch. Diese fundamentalen, im Rahmen der Menschheitsgeschichte invarianten Strukturierungsgesetzlichkeiten sind abstrakte Regelsysteme, die im Sinne eines rekursiven Algorithmus funktionieren und auf die die strukturelle Wohlgeformtheit von Handlungen zurückzuführen ist. Bezüglich des menschlichen Handelns kommt ihnen der Charakter von Naturgesetzen zu. Es sind objektive Strukturierungsgesetzlichkeiten, denen unser Geist unterliegt. Ihr Unterschied zu den Gesetzen der natürlichen Welt besteht darin, daß die Realität, in der diese objektiven Strukturgesetzlichkeiten Bestand haben, unserer Geistestätigkeit inhärent ist. In diesem Sinne stellen sie eine Bewußtseinsrealität dar, die nicht mit mentalen Repräsentanzen zu verwechseln ist. Und zwar sind sie eine Bewußtseinsrealität genau deshalb, weil die handelnden Subjekte nach diesen Regeln ihr Urteil (Angemessenheitsurteil) bilden. Gleichwohl existieren sie als formal-abstrakte unbewußte Regeln unabhängig vom Bewußtsein der Subjekte, das heißt, ihre Existenz ist nicht daran gebunden, ob sie gedacht werden oder nicht. Selbst wenn sie durch wissenschaftliche Rekonstruktionen einstmals vollständig erkannt wären, so würde dies nichts an ihrer Wirkung ändern; sie sind immun gegen die reflexive Einsicht und die Kritik ihrer Träger. Zu den universalen Strukturierungsgesetzlichkeiten zählen als grundlegende die der Sozialität als einer zweckfrei sich reproduzierenden Reziprozität sowie auf der Ebene der Kompetenzen u. a. die Universalgrammatik, die Kognition, die Logik und die Moral.[4]

Von entscheidender Bedeutung ist, daß diese Strukturierungsgesetzlichkeiten eine erfahrungswissenschaftliche Basis haben und nicht Produkte bewußtseinsphilosophischer Reflexionen sind. Dies gilt für die Lévi-Strauss'sche, die Meadsche, die Chomskysche und die Piagetsche Theorie. Alle diese Theorien sind empirisch überprüfbar. Für die theoriearchitektonische Ordnung der universalen Strukturen gilt nun, daß unterschieden werden muß zwischen der fundamentalen Ebene der objektiven Strukturiertheit von Sozialität (Lévi-Strauss) und der

4 Siehe zu den Kompetenzen der Kognition, Logik und Moral die einschlägigen Schriften von Jean Piaget. Wir gehen im zweiten Band zur strukturalen Sozialisationstheorie auf die Entwicklungstheorie von Jean Piaget explizit ein.

anderen Ebene der epistemischen Gattungsausstattungen (Chomskys Universalgrammatik, Piagets Strukturen der Kognition, Logik und Moral). Denn die epistemische Ausstattung der Gattung realisiert sich erst im Medium der Sozialität und der Praxis von Reziprozität. Die Strukturen des epistemischen Subjekts sind nicht identisch mit den Strukturen von Sozialität. Oevermann argumentiert vor dem Hintergrund dieser Ebenenunterscheidung innerhalb der Sphäre der Universalität wie folgt: »Diese Sozialität als das konstitutionslogisch, nicht unbedingt realzeitlich Erste ist immer schon auf der evolutiven Ebene der Gattung Mensch regelgeleitet, und die Naturgeschichte bedient sich bei dieser Emergenz notwendig des Regelapparates von Wahrnehmung, Sprache, Logik und Moral. Aber dieser Regelapparat könnte sich seinerseits ohne die objektive Strukturiertheit von Sozialität nicht bilden.«[5] Die objektive Strukturiertheit von Sozialität ist demzufolge basal: Sie ist, konstitutionslogisch betrachtet, Voraussetzung für die Herausbildung der universalen Strukturierungsgesetzlichkeiten universalgrammatischer, logischer, moralischer und sprachlich-pragmatischer Art.

Von den Universalien sind dann analytisch all jene Strukturierungsgesetzlichkeiten zu unterscheiden, die historisch variabel sind. Zu diesen zählt eine ganze Reihe von Strukturen, die hierarchisch angeordnet zu denken sind. Ganz oben in der Hierarchie stehen die relativ langlebigen epochenspezifischen Strukturen und im unteren Bereich die kurzlebigen subkulturellen Strukturen.

Universale und historisch variable Strukturierungsgesetzlichkeiten stehen sich nicht getrennt gegenüber, sondern sind immer nur als Amalgam anzutreffen. Sind die fundamentalen universalen Strukturierungsgesetzlichkeiten formale Bedingungen der Möglichkeit der Konstitution menschlichen Handelns und damit historischer Strukturierungsgesetzlichkeiten, so ist umgekehrt die Materialität der letzteren Voraussetzung dafür, daß die universalen Strukturierungsgesetzlichkeiten reale Wirksamkeit erlangen und, vermittelt über die Spontaneität des Subjekts, Praxis stiften. Zu erfassen sind diese nur über eine Sinnexegese. Der hermeneutischen Rekonstruktion stellt sich dieser Sachverhalt wie folgt dar: »Universelle Strukturierungsgesetzlichkeiten (erscheinen) nie direkt und wörtlich, sondern selbstverständlich immer nur in der Konkretion historischer Formationen, für deren Bildung sie konstitutiv waren, wie umgekehrt ohne die Rekonstruktion der strukturierten Totalität dieser Formationen die Untersuchung der universalen Regeln und Strukturierungsgesetzlich-

5 Oevermann, »Kontroversen über sinnverstehende Soziologie«, S. 30.

keiten von vornherein nicht gelingen kann. Beide Aspekte der Untersuchung bedingen sich also einander und stehen nicht, wie die Kritik an Lévi-Strauss es will, unversöhnlich gegeneinander. Das läßt sich sowohl an der empirisch gehaltvollen Untersuchung von Grammatiken [N. Chomsky] wie an denen des Inzesttabus [C. Levi-Strauss] zeigen.«[6]

Eine zukünftige Aufgabe wird es sein, eine Architektonik der Strukturen unterschiedlichen Aggregierungsniveaus zu entwerfen. Bezüglich eines solchen strukturtheoretischen Bezugsrahmens sind erstaunliche Fortschritte zu konstatieren. Hat J. Habermas in seiner Version der Evolutionstheorie und Konstruktion »sich-selbst-transformierender Strukturen« noch nicht unterschieden zwischen der Ebene der universalen Strukturen, die die epistemische Gattungsausstattung des Subjekts meint, und der Ebene der objektiven Strukturiertheit von Sozialität, so wissen wir heute, daß beide Ebenen nicht identisch sind und analytisch auseinandergehalten werden müssen. Die Strukturen des epistemischen Gattungssubjekts müssen – wie gezeigt – als in die Basisstruktur der Sozialität, die in Form der Reziprozität eine supraindividuelle Einheit darstellt, eingebettet gedacht werden. Erst in der kommunikativen Praxis wird mit der epistemischen Gattungsausstattung gearbeitet, und erst in der Praxis selbst wird dieses Gattungspotential realisiert. Das heißt zugleich, daß erst im Ausgang von einem solchen Einbettungsverhältnis eine historisch-genetische Analyse möglich wird. Auf der Folie einer solchen revidierten Architektonik universaler Strukturen sind dann auch erneut die folgenden sozialisations- und kommunikationstheoretisch wichtigen Fragen zu erörtern: Wie bildet sich kommunikative Kompetenz? Wie konstituiert sich das kommunikative Apriori? Wie entstehen dialogkonstituierende Universalien?

Fassen wir kurz zusammen. Als Basisstruktur gilt uns die Sozialität als zweckfrei sich reproduzierende rekursiv algorithmisch operierende Reziprozität. In diese universale Basisstruktur sind die universalen Strukturen, die die epistemische Gattungsausstattung des Subjekts ausmachen, eingebettet zu denken. Diese universalen, invarianten Strukturen sind um die historisch-spezifischen, variablen Strukturen zu ergänzen. Hier wären selbst wieder Differenzierungen vorzunehmen bezüglich von Strukturen mit größtmöglicher bis hin zu einer relativ geringen Geltungsreichweite. In diesem Sinn kann angefangen von langlebigen epochenspezifischen über historisch-gesellschaftlich spezifische bis hin zu relativ kurzlebigen subkulturellen Strukturen

6 Oevermann, »Zur Sache«, S. 272.

unterschieden werden. Dabei gilt, daß die universalen und historischen Strukturen empirisch immer nur als ein Amalgam in Erscheinung treten.[7]

Die Konzeptualisierung einer Architektonik von Strukturen, die menschliches Handeln steuern, ist sowohl für die strukturale Sozialisationstheorie im besonderen als auch für die Sozial- und Kulturwissenschaften im allgemein von grundlegender Bedeutung. Am Beispiel des Vorgehens bei der Untersuchung von Familien soll dies kurz verdeutlicht werden.

4.2.1. *Familienforschung*

Zur wissenschaftlichen Analyse des Gegenstandes Familie reichen rein historische Analysen nicht aus. Erst durch die Erarbeitung eines theoretischen Begriffs, der die objektiven universalen Strukturgesetzlichkeiten von Familie in sich schließt, ist es möglich, historische und kulturspezifische Ausprägungen und Differenzen zu erkennen. Es ist also auf die Erkenntnisse über die objektiven universalen Strukturgesetzlichkeiten des Inzesttabus und der ödipalen Triade zu rekurrieren, will man historisch-spezifische Ausprägungen und Differenzen der Familie und des familialen Handelns erklären. Die bloße Beschreibung historischer Differenzen ohne die Annahme von Universalien ist ohne Erklärungskraft und daher auch nicht erfahrungswissenschaftlich zu nennen. Weiß man nicht, daß es sich beim Inzesttabu um eine kulturelle Universalie handelt, die Vergemeinschaftung und Vergesellschaftung erst erzeugt, und rekurriert nicht auf die Implikationen dieses Tabus, zu denen die Familialisierung des Vaters und die Ausdifferenzierung der ödipalen Triade mit den Strukturen diffuser Sozialbeziehungen zu zählen sind, dann fehlt die Erklärungsgrundlage für die Konstitution von Familie und für das, was familiales Handeln objektiv strukturiert. Derartige Rekonstruktionen bleiben mehr oder weniger der Erscheinungsoberfläche verhaftet.

4.3. Definition des Strukturbegriffs

Erst das Amalgam von universalen und historischen Strukturen ermöglicht die Erzeugung sinnlogisch wohlgeformter Handlungen und

7 Weiter ausdifferenziert in: Wagner, *Krise und Sozialisation. Strukturale Sozialisationstheorie II.*

Äußerungen. Wir bezeichnen diese Ebene als *Ebene 1* und ordnen ihr den *Parameter 1* zu. Davon unterscheiden wir eine *Ebene 2* mit dem *Parameter 11*. Die *Ebene 2* verweist auf die Ebene der Subjektivität und der *Parameter 11* entsprechend auf die subjektiven Auswahlen aus dem Reservoir von Optionen, das auf *Ebene 1* mit *Parameter 1* eröffnet wurde. Wir können daher formulieren: Die sich über eine bestimmte Zeit permanent wiederholenden typischen Selektionen aus den auf der *Ebene 1* mit *Parameter 1* eröffneten Optionen durch eine je konkrete Handlungsinstanz (Individuum, Gruppe, Gemeinschaft, Institution, Gesellschaft etc.) haben zum Resultat deren objektive Strukturgesetzlichkeit. Wir kennzeichnen diese – im Unterschied zu den objektiven universalen formal-abstrakten Strukturgesetzlichkeiten, die selbst immer an deren Bildung beteiligt sind – als objektive Fallstrukturgesetzlichkeit. Sie stellt die objektive Identität eines Falles dar, die wiederum von dessen bewußtseinsfähigem Selbstbild als der subjektiven Identität zu unterscheiden ist. Zur vollständigen Darstellung unseres Strukturbegriffs ist also zwischen vier Ebenen zu unterscheiden:

- *Ebene 1 mit Parameter 1:* Menge aller Strukturgesetzlichkeiten bzw. Regeln, die rekursiv algorithmisch sinnlogisch wohlgeformte Möglichkeiten bzw. Optionen eröffnet.
- *Ebene 2 mit Parameter 11:* Typische Auswahlen einer Handlungsinstanz (Individuum, Gruppe, Institution, Gesellschaft etc.) aus Ebene 1. Ebene 2 ist die Ebene der Subjektivität. Dazu gehören – struktural betrachtet – die Sphäre der Krise, der Entwurf des Neuen in dieser und schließlich die Entscheidung bzw. die Auswahl der je konkreten Handlungsinstanz.
- *Ebene 3 als Resultat der Selektionen:* Objektive Fallstrukturgesetzlichkeit (objektive Identität)
- *Ebene 4 als immer nur partielles Begreifen:* Bewußtseinsfähiges Selbstbild (subjektive Identität).

Es hängt nun vom jeweiligen Erkenntnisinteresse ab, auf welche Ebene bzw. Ebenen die Sozialisationstheorie und -forschung abzielt. Sie kann sich beispielsweise – wofür der Lévi-Strauss'sche Strukuralismus und die Chomskysche Sprachtheorie stehen – auf die Teilmenge von *Ebene 1* mit *Parameter 1* beziehen, die die Dechiffrierung kultureller Universalien betrifft. Dies kann sie allerdings nicht allein leisten, sondern dazu ist sie auf die Zusammenarbeit mit anderen Disziplinen wie etwa der Anthropologie, Ethnologie und Linguistik angewiesen. Ebenso kann sie ihr Interesse auf die Erkenntnis der objektiven Fallstrukturgesetzlichkeit bzw. objektiven Identität eines Falles und dessen Differenz zum bewußtseinsfähigen Selbstbild bzw. zur subjektiven Identität richten. Auch ist ihr eine extensive Rekonstruktion dessen, was Subjektivität ausmacht, möglich, indem sie sich der Sphäre der Krise und der in dieser sich konstituierenden neuen Erfahrungen und Erkenntnisse annimmt.

Bei dem hier präsentierten Strukturbegriff handelt es sich um eine Neubestimmung. Oevermann spricht in diesem Zusammenhang von einem für die Humanwissenschaften »vollständig veränderten Strukturbegriff«.[8] Denn: »Strukturen sind jetzt nicht mehr in einer sonst üblichen leeren formalen Bestimmung eine Menge von Elementen, die in einer zu spezifizierenden Relation zueinander stehen. Sie sind vielmehr für je konkrete Gebilde, die eine Lebenspraxis darstellen, genau jene Gesetzmäßigkeiten, die sich überhaupt erst in der Rekonstruktion jener wiedererkennbaren typischen Auswahlen von Möglichkeiten abbilden lassen, die durch einen konkreten Fall bzw. Fallstrukturgesetzlichkeiten getroffen werden.«[9] In seiner Studie »Genetischer Strukturalismus und das sozialwissenschaftliche Problem der Erklärung der Entstehung des Neuen« hat Oevermann den Strukturbegriff wie folgt definiert: »Der konkrete soziale Ablauf wird also durch zwei ganz verschiedene Parameter der Sequenzierung strukturiert. Zum einen durch die Menge aller Regeln, die bei Gegebenheit einer beliebigen Sequenzstelle, das heißt bei Gegebenheit einer bestimmten Äußerung oder Handlung, determinieren, welche Handlungen oder Äußerungen regelrecht angeschlossen werden können und welche regelrecht vorausgehen konnten. Diese Menge von Regeln operiert also wie ein Algorithmus bezüglich einer Menge von infiniten Elementen: In einer endlichen Zahl von Operationsschritten läßt sich eindeutig bestimmen, welche Elemente zu einer bestimmten Menge – hier: der Menge sinnvoller Anschlüsse bzw. Vorgaben – gehören und welche nicht. Der zweite Parameter von Sequenzierungen besteht in den Determinanten der Selektionsentscheidung der jeweils handelnden Instanz, also der je konkreten Lebenspraxis. Deren Fallstrukturiertheit (Identität) bildet sich ab in der Charakteristik, mit der sie die nach Regeln eröffneten Optionen von ›objektiver Vernünftigkeit‹ selegiert und in ›praktische Vernünftigkeit‹ überführt.«[10]

8 Oevermann, »Konzeptualisierung von Anwendungsmöglichkeiten und praktischen Anwendungsfeldern der objektiven Hermeneutik«, S. 10.

9 Ebd.

10 Oevermann, »Genetischer Strukturalismus und das Problem der Erklärung der Entstehung des Neuen, S. 271.

4.4. Die Einheit der praktischen sozialen Handlung

Für die strukturale Sozialisationstheorie ist der Ausgang vom Handeln grundlegend. Präziser: Sie geht von der Einheit der praktischen Handlung aus. Was ist damit gemeint? Wichtige Vorarbeiten dazu finden wir u. a. in Deweys Kritik am Reiz-Reaktions-Schema der behavioristischen Psychologie und in den Ausführungen Meads zum sozialen Akt. Erinnern wir zunächst an Deweys Kritik der Psychologie. Dewey hat nachgewiesen, daß das Reflexbogenmodell der Psychologie auf falschen Prämissen beruht. Es basiert auf der Vorstellung einer kausal-mechanistischen Verknüpfung von Reiz und Reaktion; die von außen einströmenden Stimuli oder Empfindungen werden gemäß diesem Modell durch zentrale innere Prozesse so verarbeitet, daß eine entsprechende motorische Reaktion erfolgen kann. Ausgegangen wird von peripheren Reizen als Empfindungen, die irgendwo zwischen Körper und Seele angesiedelt werden; es folgen dann die zentralen inneren Prozesse, denen ein psychischer Zustand zugeschrieben wird, und schließlich die Handlung in Form der motorischen Reaktion, wobei diese rein physischer Natur sein soll.[11]

Dieses Modell ist nach Dewey eine »materialistisch-spiritualistische Annahme«; es operiert mit drei voneinander getrennten Entitäten, dem äußeren Stimulus als Empfindung, den zentralen inneren Prozessen und der motorischen Reaktion, die durch eine »Seele« oder eine »mechanische Vorrichtung« in Übereinstimmung gebracht werden sollen.[12] Impliziert ist dabei, daß der sensorische Stimulus als Empfindung und die motorische Reaktion verschiedene Zustände des Psychischen bezeichnen. Dewey zeigt nun, daß nicht eine Empfindung als Reiz am Anfang des Prozesses steht und schließlich zur motorischen Reaktion führt, sondern daß Reiz und Reaktion immer schon durch das Handeln vemittelt sind. »Statt eines psychischen Zustandes, der von einer physikalischen Reizung abhängig ist, weisen Untersuchungen in jedem Einzelfall ein Handeln nach, das vorab festlegen muß, in welche Richtung die Aufmerksamkeit gewendet wird…«[13] Auszugehen ist vom Handeln selbst, denn dieses bestimmt die Stimuli; der Organismus selegiert auf der Basis seiner gattungsspezifischen Ausstattungen und seiner vergangenen Erfahrungen seine Umwelt; er unterliegt ihr nicht passiv, wie dies das Reflexbogenmodell suggeriert, denn, so Mead im Anschluß an Dewey: »Letzten Endes hängt, was

11 Dewey, J., »The Reflex Arc Concept in Psychology«, S. 365.

12 Ebd., S. 365 sowie S. 360 f.

13 Mead, *Selected Writings,* S. 37; ders., *Gesammelte Aufsätze,* Bd. 1, S. 123.

wir sehen, hören, fühlen, schmecken und riechen, von dem ab, was wir tun, und nicht umgekehrt. In unserem zielgerichteten organisierten Leben greifen wir unweigerlich auf vorheriges Verhalten als den Bestimmungsgrund dessen zurück, was wir in jedem Augenblick empfinden. Der sogenannte äußere Reiz ist eine Gelegenheit für solche Empfindungen, nicht aber ihre Ursache.«[14] Reiz und Reaktion sind vom Handeln, in der Terminologie Deweys vom senso-motorischen Handlungskreis *(sensori-motor circuit)* her zu bestimmen; sie sind funktional und bekommen eine Bedeutung erst innerhalb des Handlungsaktes, in den sie eingebettet sind und dessen Aufrechterhaltung sie dienen.

Damit haben Dewey und Mead entscheidende Vorarbeiten zum Begreifen der Einheit der sozialen Handlung geleistet. Festzuhalten ist also, daß vom Handlungsvollzug auszugehen ist, will man die Einheit einer Handlung bestimmen. Reiz und Reaktion werden erst »durch die funktionale Einheit des Handlungsablaufs als dessen Phasen her vorgebracht. Einem Reiz entspricht dann die Objektkonstellation, die ein eingeleitetes Handeln zu seiner Vollendung benötigt, also das, was man die Erfüllungsbedingungen eines Handelns nennen könnte, während der Reaktion die Phase der Erfüllung eines bestimmten Handlungsablaufs korrepondiert. Man sieht sofort, daß a) Reiz und Reaktion sich nicht substantiell voneinander unterscheiden, sondern – abhängig von der dem Handeln innewohnenden Perspektivität, wir müßten sagen: abhängig von der Sequenzstellung innerhalb des Phasenablaufs einer vollständigen Reproduktion einer Handlungsstruktur – verschiedene funktionale Phasen eines Handlungsablaufs ausmachen, und daß b) Reiz und Reaktion auch nicht substantiell verschiedenen Sphären zugeordnet werden können, sondern sie in sich als komplexe Verschränkungen von ›Innen- und Außenwelt‹ zu gelten haben.«[15]

Diese Auffassung steht dem behavioristischen Paradigma diametral entgegen. Eine strukturierte Lebensform unterliegt nicht passiv den Reizen der Umwelt; sie sucht sich vielmehr die für sie geeigneten Reize. »Wie sehr diese Auffassung dem normalen behavioristischen Paradigma widerspricht, ist schon daran zu sehen, daß ihr zufolge die praktische Lebensform für ihr Handeln die geeigneten Reize sucht, mit anderen Worten: Was als Reiz einem Verhalten im Sinne des Behaviorismus determinierend vorausgeht, ist ihm als von Regeln des Handelns vorgeschriebene Erfüllungsbedingung zuzuordnen. Liegt

14 Ebd.
15 Oevermann, »Genetischer Strukturalismus ...«, S. 312 f.

sie vor bzw. wird sie – in der Phase der ›Reaktion‹ – innerhalb der Sequenz der Reproduktion eines regelhaften Handlungsschemas erfüllt, dann ist sie als solche wiederum ein ›Reiz‹ für eine sich sequentiell daran anschließende komplette Handlung usf.«[16]

Damit dürfte evident geworden sein, daß die Einheit einer Handlung nicht als eine bloße Abfolge von Reiz und Reaktion dargestellt werden kann. Denn ginge man davon aus, dann würden die zeittheoretischen Dimensionen des Vergangenen und des Zukünftigen ausgeblendet. In dem bloßen Abfolgemodell von Reiz und Reaktion »ginge unter, daß jeweils ein Reiz die Reaktion auf einen vorausgehenden Reiz darstellt und komplementär dazu eine Reaktion einen Reiz für eine jeweils folgende Handlung bildet.«[17] Wie ist diese Verschränkung darzustellen? Wie kann man auf der Folie des gegenwärtigen Erkenntnisstandes ein Modell der Einheit der praktischen sozialen Handlung entwerfen? Offensichtlich gelingt dies nur, wenn drei Sequenzen zeitlich unterschieden werden. Denn: »Um diese Verschränkung zur Geltung zu bringen, muß man mindestens zwei sich realzeitlich überlappende Phasen *eines* Handlungsablaufs unterscheiden, und wiederum eine Phase davon läßt sich komplett nur in einer Drei-Schicht-Sequenz von Reiz-Reaktion-Reiz analytisch herauspräparieren. Man sieht dann sofort, inwiefern diese Phasen ihrerseits Einheiten innerhalb einer eröffneten, sich reproduzierenden Praxis darstellen.«[18] Das Meadsche an Deweys funktionalistischer Psychologie orientierte Modell der Handlung ist zu ergänzen durch die Sequenzanalyse der objektiven Hermeneutik Oevermanns. Auf der Folie dieser drei Konzeptionen läßt sich die vollständige Struktur einer sozialen Handlung beschreiben. Halten wir, bevor wir zum eigentlichen Entwurf der Einheit der Handlung übergehen, noch einmal einige wichtige Aspekte fest:

- Als Ausgangspunkt zur Erfassung der Einheit der sozialen Handlung scheidet das bloße Reiz-Reaktions-Schema der behavioristischen Psychologie aus. Bereits Dewey hat es als unhaltbar nachgewiesen.
- Es ist vom Handeln selbst – im pragmatistischen Sinne vom gegenwärtigen Handlungsvollzug – auszugehen.
- Mit dem Ausgang von der Gegenwärtigkeit des Handlungsvollzugs eröffnen sich die Dimensionen der Vergangenheit und der Zukunft, die konstitutiv mitberücksichtigt werden müssen.

16 Ebd., S. 313.
17 Ebd.
18 Ebd.

- Es sind die Erkenntnisse, die mit dem sequenzanalytischen Verfahren der objektiven Hermeneutik in der Rekonstruktion praktischen Handelns gewonnen wurden, mit heranzuziehen. Dies verweist darauf, daß zur Strukturbeschreibung der Einheit einer Handlung mindestens drei Sequenzstellen gehören.
- Es sind die Erkenntnisse über die regelgeleitete Sozialität mit einzubeziehen.

Gehen wir im Meadschen Sinne von der Lebensmitte als dem gegenwärtigen Handlungsvollzug, der zugleich der Ort der Realität ist, aus, so ist diese Sequenzstelle nur vollständig zu verstehen, wenn man die ihr vorausgehende Sequenzstelle der Vergangenheit und die ihr folgende Sequenzstelle der Zukunft mit hinzunimmt. An der Sequenzstelle der Vergangenheit werden durch Regeln rekursiv algorithmisch sinnlogisch wohlgeformte Möglichkeiten bzw. Optionen eröffnet, von denen eine von der jeweiligen Handlungsinstanz ausgewählt wird. Durch diese Verwirklichung in der Gegenwart werden wiederum Möglichkeiten eröffnet, die erst im Modus der Zukunft, gleichsam an der dritten Sequenzstelle durch einen Vollzug verwirklicht werden. Die Einheit der Handlung umschließt demzufolge, da zur Gegenwart als dem Ort der Realität die von dieser konstituierte Vergangenheit und Zukunft zwingend gehören, drei Sequenzstellen. Weder kann man die zu dieser Gegenwart gehörende Vergangenheit noch die zu dieser gehörende Zukunft ausklammern, ohne die Einheit der sozialen Handlung zu zerreißen. Schematisch läßt sich die Einheit der Handlung dann wie folgt darstellen:

Einheit der Handlung

1. Sequenzstelle Vergangenheit	2. Sequenzstelle Gegenwart	3. Sequenzstelle Zukunft
Eröffnet Möglichkeiten im Sinne des Parameters I (Erzeugungsparameter)	Vollzieht Wirklichkeit und eröffnet zugleich wiederum Möglichkeiten (Parameter II) (Auswahlparameter)	Vollzieht Wirklichkeit

Erläuterung: »Jede Sequenzstelle ist durch zwei gegenläufige Realitätsaspekte zugleich geprägt – zum einen durch die Eröffnung von Möglichkeiten und zum anderen durch den Vollzug von Wirklichkeit. Zeitstrukturell heißt das: jede gegenwärtige, aktuelle Sequenzstelle hat (i) einen Bezug zur Vergangenheit in Gestalt der an der vorausgehenden Sequenzstelle vollzogenen Äußerung, die die Möglichkeiten eröffnete, zu denen auch jene Wirklichkeit gehörte, die durch die Äußerung vollzogen wird, die die gegenwärtige Sequenzstelle markiert; und (ii) einen Bezug zur Zukunft in Gestalt der Möglichkeiten, die durch diese Äußerung eröffnet worden sind. Daraus ergibt sich zwingend, daß so eine sequentielle Grundgestalt erst vollendet ist, wenn mindestens drei Sequenzstellen hintereinandergeschaltet waren: erst an der dritten Sequenzstelle können frühestens die Möglichkeiten geschlossen werden, die durch die (zweite) Äußerung eröffnet wurden, die ihrerseits aus den Möglichkeiten, die an der ersten Sequenzstelle eröffnet wurden, eine Wirklichkeit vollzog, also motiviert war. Ebenso gilt, daß die Strukturbeschreibung einer einzelnen Handlung erst vollständig ist, wenn sie mindestens drei Sequenzstellen enthält: Die Sequenzstelle, an der sie vollzogen wird, die vorausgehende Sequenzstelle, an der sie als Möglichkeit eröffnet wurde und die nachfolgende Sequenzstelle, an der eine der von ihnen eröffneten Möglichkeiten verwirklicht wurde.«[19]

Oevermann hat dazu die folgende kaskadenartige Darstellung gewählt, die der obigen Darstellung entspricht:

1. Sequenzstelle	2. Sequenzstelle	3. Sequenzstelle
Eröffnet Möglichkeiten		
	Vollzieht Wirklichkeit Eröffnet Möglichkeiten	
		Vollzieht Wirklichkeit

Erläutert wird diese Darstellung wie folgt. »In diesem Schaubild muß die Folge von Äußerungen sowohl hinsichtlich ihrer sequentiellen Anordnung als auch hinsichtlich ihrer kategorialen Differenz von Wirklichkeit und Möglichkeit kaskadenartig untereinander angeordnet werden. Der Aspekt der Wirklichkeit schließt mit dem Vollzug den Bezug zur Vergangenheit ein und der Aspekt der Möglichkeit mit der Projektierung einer hypothetischen Welt den Bezug zur Zukunft. Die sie trennende Gegenwärtigkeit wird, wie wir noch sehen werden, durch die Sequenzstelle als solche repräsentiert. An jeder Sequenzstelle überlagern sich in ihrer Vergegenwärtigung durch die Sequenzanalyse ebenso wie in ihrer ursprünglichen Gegenwärtigkeit vollzie-

19 Oevermann, »Bewährungsdynamik und Jenseitskonzepte«, Manuskript, S. 13 f.

hende Wirklichkeit und eröffnete Möglichkeit.«[20] Und weiter: »Die Darstellung soll zeigen, daß in der internen Logik der Sequenzanalyse eine Handlung in ihrer inneren Strukturiertheit erst erfaßt ist, wenn sie als dreigliedrige Sequenz gesehen wird. Entsprechend können wir sagen, was hier nicht darstellbar ist, daß sich an jeder Sequenzstelle mindestens drei Handlungen in ihrer schlüssigen Dreigliedrigkeit sequentiell überlagern. Diese drei Handlungen gehören zugleich den drei verschiedenen Grundkategorien von Temporalität an: die mittlere, den Bezug bildende Sequenzstelle gehört mit ihrer Handlung der Gegenwärtigkeit an, die erste der Vergangenheit, in der eine bereits vollzogene Handlung die mittlere als Möglichkeit eröffnete, und die dritte Sequenzstelle der Zukunft, in der eine der von der Bezugshandlung eröffneten Möglichkeiten realisiert werden könnte.«[21]

4.5. Strukturale Methode

Die strukturale Sozialisationstheorie kann sich nicht auf praktisches Verstehen, sondern muß sich auf methodisches Verstehen stützen, sie bedarf einer strukturalen Methode.[22]

Die strukturale Methode richtet sich auf die Rekonstruktion realer Strukturiertheiten von sozialen Phänomenen. Diese Strukturgesetze sind nicht unmittelbar sinnlich wahrnehmbar, dennoch sind sie erfahrbar. »Das Kriterium für den Umfang erfahrbarer Realität besteht hier nicht in der sinnlichen Gegebenheit der Gegenstände, sondern in deren intersubjektiv nachprüfbarem, zwingenden Nachweis aufgrund methodisch expliziter Operationen, die eine eindeutige Prädizierung von Gegenständen der erfahrungswissenschaftlichen Analyse erlauben.«[23] Abstraktheit und sinnliche Nicht-Wahrnehmbarkeit sind keine Argumente gegen die Wirklichkeit jenes Dritten oder jener dritten Welt als der Welt der objektiven Strukturgesetzlichkeiten und Sinnstrukturen. Die Eigenständigkeit dieses Dritten kommt auch zum Ausdruck, wenn man nach der erkenntnistheoretischen Einordnung fragt. Es ist weder dem Idealismus noch dem Materialismus zuzurechnen. Mit den idealistischen Konzeptionen hat jene dritte Welt das

20 Ebd., S. 14.
21 Oevermann, »Ausprägungen der strukturellen Religiösität unter Bedingungen der vollständigen Säkularisierung des Bewußtseins«, S. 22.
22 Zu einer ausführlichen Darstellung siehe u. a.: Wagner, *Objektive Hermeneutik und Bildung des Subjekts.*
23 Oevermann, »Die objektive Hermeneutik als unverzichtbare methodologische Grundlage für die Analyse für Subjektivität«, S. 117.

Intelligible, das Nicht-Sichtbare und Nicht-Materielle gemeinsam; zugleich jedoch verweist sie auf Dimensionen des Materialismus insofern, als sie wirklich ist und empirisch rekonstruierbare praktische Wirkungen nach sich zieht.[24] Die zentrale Aufgabe der strukturalen Methode ist die Rekonstruktion von objektiven latenten Sinnstrukturen und Fallstrukturgesetzlichkeiten je historisch konkreter sozialer Phänomene. Sie rekonstruiert also Realitäten der Außenwelt, die existieren, gleichgültig, ob sie gedacht werden oder nicht.

Für das strukturale Vorgehen ist die Unterscheidung zweier Fragen grundlegend. Die erste Frage ist immer die nach dem Was. Sie lautet: Was ist die Struktur eines je konkreten Phänomens? Dabei geht es um die Rekonstruktion der Strukturiertheit des Emergenten. Die zweite Frage, die zu stellen ist, wenn die Struktur rekonstruiert ist, lautet: Wie ist die Struktur zustandegekommen? Sie richtet sich auf den Versuch der historisch-genetischen Erklärung. Es ist also zunächst die Struktur eines gegebenen sozialen Gebildes zu rekonstruieren, bevor die Fragen nach dem Wie und Woher gestellt werden. Die Beantwortung der Was-Frage impliziert die Kenntnis der Transformationsgesetze dieser Struktur. Die Rekonstruktion einer Struktur zu einem bestimmten Zeitpunkt setzt die Abstraktion voraus, als ob im kontinuierlichen Strom historischer Transformationen eine feste Form sich bildet, die als invariant herauslösbar ist. Dabei werden die im Fließen sich befindenden Elemente ausgeblendet. Wir können diesen Sachverhalt auch mit den Kategorien von Synchronie und Diachronie fassen. Dabei gilt: Die Rekonstruktion der Synchronie einer Struktur geht der der Diachronie voraus. Die Synchronie der Struktur ist vor der Diachronie der Strukturierung zu rekonstruieren.

Wir müssen in diesem Kontext unterscheiden zwischen der Reproduktion und der Transformation einer Struktur. Die Kategorie der Reproduktion bezieht sich auf das relative Sich-gleich-Bleiben einer Struktur, während die der Transformation deren Veränderung meint. Im Verhältnis von Reproduktion und Transformation einer Struktur ist der Prozeß der Transformation der basale. Dabei muß allerdings wiederum unterschieden werden, ob wir je konkrete Fallstrukturen in ihrer Totalität oder universale formal-abstrakte Strukturen isoliert und gesondert betrachten. »Die Transformation einer Fallstruktur bezeichnet den kontinuierlichen Prozeß ihrer Entwicklung und Veränderung, mit Bezug auf den die Reproduktion jeweils die Prozesse der Sicherung und Aufrechterhaltung entwickelter Strukturmuster, zum

24 Siehe zu diesen Fragen: Wagner, *Objektive Hermeneutik und Bildung des Subjekts*, S. 42 ff.

Beispiel einer biographisch herauskristallisierten Identitätsformation einer bestimmten Lebensphase meint. Die Reproduktion einer Fallstruktur ist also immer in deren langfristige Transformation eingebettet und stellt insofern mit Bezug darauf eine Abstraktion dar. Die Transformation einer Struktur ist gleichwohl analog zur Reproduktion durch eine Strukturierungsgesetzlichkeit gekennzeichnet, die die Spielräume der Veränderbarkeit einer Fallstruktur angibt. In welchem Grade diese Spielräume tatsächlich ausgefüllt werden, eine Person beispielsweise ihre Verhaltensweisen und Dispositionen ändert, ist jeweils vom Eintreten neuer Bedingungen in der äußeren und inneren Wirklichkeit der Person abhängig, also zukunftsoffen und doch vorgeprägt.«[25] Diese Äußerung Oevermanns bezieht sich auf die Reproduktion und Transformation einer je konkreten Lebenspraxis bzw. von Fallstrukturen. Betrachten wir dagegen universale Strukturen gesondert, so gilt, daß diese invariant und nicht veränderbar sind, und zwar auch dann nicht, wenn sie durch rationale Nachkonstruktion offengelegt werden. So werden beispielweise die universalgrammatischen Regeln wie die kognitiven Strukturen durch Reflexion nicht verändert. Denn: »Wenn durch linguistische Forschung zum Beispiel erkannt wurde, daß bei bestimmten Fragen Subjekt und Prädikat umgestellt werden, wird diese Regel auf Grund dieser Einsicht weder aufgehoben noch verändert werden. Wer entdeckt, daß – wie Piaget nachwies – die Konservierung von Quantität die Beherrschung bestimmter Operationen voraussetzt, wird diese kognitive Leistung durch diese Erkenntnis weder auf eine andere Weise noch überhaupt nicht mehr vollbringen.«[26]

Wie ist nun methodisch mit den Fragen nach dem Was und dem Wie sowie den Erkenntnissen über die Reproduktion und Transformation von Fallstrukturen umzugehen? »Man wird bezüglich der Analyse konkreter historischer Gebilde oder Epochen immer zuerst die Fragen nach dem ›Was‹, das heißt nach der in einem bestimmten Zeitintervall gegebenen Fallstruktur stellen und beantworten. Dazu wird man sich natürlich nicht gerade ein Zeitintervall stürmischer Veränderungen heraussuchen, in dem eine Struktur sich nicht mehr erkennbar reproduziert, sondern quasi mit jeder einzelnen Handlung transformiert. Wenn man eine solche Phase beschleunigter Transformation untersucht, wird man immer als Bezugspunkt eine sich reproduzierende, das heißt praktisch: sich stabilisierende Fallstruktur wählen, sei es

25 Oevermann u. a., *Zum Problem der Perseveranz in Delikttyp und modus operandi,* S. 195.

26 Krappmann, »Typisches im Individuellen«, S. 83 f.

als Ergebnis der Transformation oder als deren Ausgangsbedingung. Man wird also immer zunächst von einer Rekonstruktion eines Prozesses der Reproduktion einer Fallstruktur ausgehen. Erst dann läßt sich die weitere Frage nach dem ›Wie‹, nach der Entstehung dieser Fallstruktur, in Angriff nehmen; erst dann können wir sinnvoll untersuchen, welche Transformationsprozesse zur Ausbildung der je in Rede stehenden Fallstruktur geführt haben.«[27]

4.6. Materialer Akttext – Protokoll

Eine grundlegende Frage, die es bei der Behandlung der strukturalen Methode zu beanworten gilt, ist die folgende: Über welches Medium findet die Erfahrungswissenschaft bzw. die Sozialisationsforschung Zugang zu den objektiven Sinnstrukturen von Ausdrucksgestalten?

Wir haben die objektiven Sinnstrukturen auf der Ebene des Dritten, genauer auf der Ebene der dritten Welt und nicht auf der Ebene der zweiten Welt als der Welt des Subjektiv-Psychischen und der der ersten Welt als der Welt des Materiell-Physischen verortet.[28] Die dritte Welt ist das Resultat menschlicher, sich im Medium einer symbolvermittelten und syntaktischen Sprache vollziehenden Lebenspraxis. Diese Welt kann einem Text verglichen werden; sie ist ein textförmiges Gebilde. Es ist offensichtlich, daß diese Welt dem Entschwinden ausgeliefert ist, wenn sie nicht in irgendeiner Form fixiert wird. Soll ein wissenschaftlicher Zugriff auf sie erfolgen, so bleibt keine andere Möglichkeit als ihre textliche Fixierung, da eine wissenschaftliche Analyse in der Unmittelbarkeit von Kommunikationssituationen nicht durchführbar ist. Die kommunikativ erzeugte symbolisch strukturierte dritte Welt bedarf einer schriftlichen Fixierung, wenn sie Gegenstand der Sozialisationsforschung und ihrer rekonstruktiven Forschungsmethoden werden soll. Erst am Text beginnt deren eigentliches Geschäft. Dabei handelt es sich bei der schriftlichen Fixierung nicht um eine Neuschaffung, sondern um das Festhalten einer immer schon textförmig strukturierten Welt. In Anlehnung an den Textbegriff von P. Ricoeur können wir die Kategorie des Textes wie folgt bestimmen:

27 Oevermann, »Genetischer Strukturalismus ...«, S. 275.

28 Siehe zur expliziten Begründung der dritten Welt objektiver Sinnstrukturen: Wagner, *Objektive Hermeneutik und Bildung des Subjekts,* insbesondere S. 33-47.

- Er fixiert die symbolisch strukturierte Welt der objektiven Sinnstrukturen (Welt 3) und macht diese erst der Wissenschaft zugänglich.
- Er ermöglicht die Erkenntnis der Differenz zwischen den objektiven Sinnstrukturen (Welt 3) und den auf seiten der Subjekte mental repräsentierten Sinnstrukturen (Welt 2 oder Welt des Subjektiven).
- Er richtet sich an eine unbegrenzte Anzahl von sprechfähigen und erkenntniswilligen Mitgliedern der Gattung Mensch in der Gegenwart und der Zukunft.
- Er ermöglicht die Entfaltung nicht-ostentativer Bezüge und ist damit Bedingung der Möglichkeit eines erweiterten und tieferen Verständnisses der humanen Gattungsgeschichte.
- Er erlaubt prinzipiell die Aufnahme der Bedeutung des Außersprachlichen.[29]

Erst am Text können die wissenschaftlichen Gütekriterien angewendet und kann eine wissenschaftliche Diskussion eröffnet werden. »Die (im weitesten Sinne) schriftliche Fixierung – die ›Diskursivität‹ – der wissenschaftlichen Arbeit ist Bedingung für die Erzeugung, Wirkung, Eigenständigkeit und Diskutierbarkeit dieser Welt. Die Welt der Wissenschaft ist eine Welt der Texte, der Protokolle von Denken und Handeln, eine Welt fixierter Lebensäußerungen. Und nur gegenüber dauernd fixierten Lebensäußerungen, den ›Texten‹ der Wissenschaft, kann eine wissenschaftliche Analyse einen kontrollierbaren Grad von Objektivität erreichen ..., kann die Aufmerksamkeit konstant und distanziert am Gegenstand gehalten werden.«[30]

Es ist sinnvoll, eine weitere Differenzierung einzuführen, und zwar die zwischen Text, Protokoll und Lebenspraxis. Denn vor dem Hintergrund dieser Differenzierung läßt sich die Grenze wissenschaftlichen Arbeitens exakt aufzeigen. Die Kategorie des Textes bezieht sich auf das Symbolische der dritten Welt, auf die »prinzipiell versprachlichbaren abstrakten Sinnzusammenhänge«.[31] Der Text ist gleichsam Träger der abstrakten Sinnkonfigurationen. »Unter dem Gesichtspunkt der Trägerschaft von Sinn und Bedeutung werden Ausdrucksgestalten als Texte behandelt.«[32] Dieser erweiterte Text-

29 Siehe dazu Ricœur, P., »Der Text als Modell: hermeneutisches Verstehen«, S. 253-283; Wagner, *Strukturen des Subjekts*, S. 44 sowie S. 40 ff.

30 Soeffner, *Auslegung des Alltags. Der Alltag als Auslegung*, S. 29.

31 Oevermann, »Die objektive Hermeneutik als unverzichtbare methodologische Grundlage für die Analyse von Subjektivität«, S. 131.

32 Oevermann, »Konzeptualisierung von Anwendungsmöglichkeiten und praktischen Arbeitsfeldern der objektiven Hermeneutik«, S. 2.

begriff umfaßt die gesamte sinnstrukturierte humane Praxis, also nicht nur Schriftsprachliches, sondern auch Landschaften, Filme, Bilder, Gemälde etc. Hinsichtlich der Frage ihrer Vergegenständlichung, das heißt nach ihrer technischen Seite hin, können wir diese Texte als Protokolle bezeichnen. »Dabei kann es sich um gegenständliche Objektivierungen in Produkten, um hinterlassene Spuren, um Aufzeichnungen vermittels technischer Vorrichtungen, um intendierte Beschreibungen, um institutionelle Protokolle oder um künstlerische oder sonstige bewußte Gestaltungen handeln, und die Ausdrucksmaterialität kann sprachlich oder in irgendeinem anderen Medium der Spurenfixierung oder der Gestaltung vorliegen.«[33]

Protokolle sind nun ihrerseits strikt von der Lebenspraxis selbst, das heißt von der protokollierten Wirklichkeit, zu unterscheiden. Nur Protokolle gestatten einen wissenschaftlichen Zugang zur sinnstrukturierten Welt. In der Unmittelbarkeit der Lebenspraxis selbst ist eine methodisch gesicherte Arbeit nicht möglich. Protokolle und protokollierte Wirklichkeit gehören zwei kategorial getrennten Welten an, deren Grenze prinzipiell nicht überstiegen werden kann. »Eine einfache Überlegung zeigt nun, daß die protokollierte Wirklichkeit als solche nur in dem flüchtigen Augenblick ihres Erscheinens in der Perspektive der betroffenen Praxis erfahren werden kann. Methodologisch ist uns als Subjekten der wissenschaftlichen Erkenntnis, die letztlich immer eine unpraktisch-rekonstruktive ist, diese Wirklichkeit verschlossen. Nur wenn sie in Protokollen bzw. Spuren sich objektiviert hat, so daß wir wiederholt auf diese zugreifen können, ist sie uns methodologisch explizit zugänglich, ist sie in diesen Spuren aus der Flüchtigkeit und Vergänglichkeit ihrer Erscheinungswelt in die Zeitlosigkeit der andauernden potentiellen Gegenwärtigkeit latenter Sinnstrukturen gehoben.«[34] Zusammenfassend können wir festhalten, daß sich erfahrungswissenschaftlich nur das bearbeiten läßt, was in Form eines Protokolls vorliegt.

33 Ebd., S. 3.

34 U. Oevermann, »Die objektive Hermeneutik als unverzichtbare methodologische Grundlage für die Analyse von Subjektivität«, S. 131 f.

4.7. Strukturale Sozialisationstheorie und genetischer Strukturalismus (Erkenntnistheorie I)

Im Kontext der Grundlegung einer strukturalen Sozialisationstheorie ist auch deren Verhältnis zur Erkenntnistheorie zu erörtern. Wir verorten die strukturale Sozialisationstheorie im Paradigma des genetischen Strukturalismus.

Die Grundfigur des genetischen Strukturalismus ist die von objektiven, sich natur- und menschheitsgeschichtlich entfaltenden, selbst erzeugenden und emergierenden Strukturen. Es handelt sich dabei im engeren Sinne um Strukturen, die die Naturgeschichte gleichsam durchbrechen und erst das Tor zur menschlichen Geschichte eröffnen und dann im Zuge ihrer Selbsterzeugung eine spezifische Form der Zukunftsoffenheit produzieren. Dabei ist basal die Emergenz eines Dritten im Übergang von der Natur zur Kultur. Dieses Dritte verweist auf kulturelle Universalien (Prinzip der Sozialität sui generis; Regeln u. a. der universalgrammatischen, kognitiven und logischen Kompetenz), die den historisch-gesellschaftlich spezifischen Ausformungen und kulturspezifischen Varianten und Differenzen unterliegen. Für den genetischen Strukturalismus eröffnen erst diese universalen Strukturierungsgesetzlichkeiten die Möglichkeit von Geschichte. Von daher ist für ihn die Dialektik von Universalität und Historizität fundamental, für deren Rekonstruktion er eine Methode benötigt, die es gestattet, zugleich in Kategorien des Universalen zu denken und historische Analysen zu betreiben. Dabei ist eine zentrale Aufgabe der genetisch-strukturalen Erkenntnistheorie die Konzeptualisierung eines strukturtheoretischen Bezugsrahmens, in dem Strukturen unterschiedlicher Geltungsreichweite bzw. unterschiedlichen Aggregierungsniveaus im Sinne der Entfaltung und Selbstreproduktion von Strukturen im Prozeß der geschichtlichen Entwicklung ihren Platz finden. Wichtige Grundlagen zur Erfüllung dieser Aufgaben haben wir bereits ausgearbeitet.

Nachdrücklich zu betonen ist auch, daß im genetischen Strukturalismus das nicht in Strukturen Aufgehende keineswegs ausgegrenzt, sondern vielmehr konstitutiv mit einbezogen wird. Es wird nämlich innerhalb dieses Paradigmas immer schon in Rechnung gestellt, daß menschliches Handeln an die Kreativität und Spontaneität des Subjekts gebunden ist. Insofern ist für den genetischen Strukturalismus eine explizite Theorie der Subjektivität und Kreativität von ebenso zentraler Bedeutung wie die Offenlegung von Strukturen und Regeln. Ferner gestattet es das Paradigma des genetischen Strukturalismus, die für die Sozialisationstheorie wichtige Interdisziplinarität herzustellen, indem es u. a. an die Evolutionsbiologie, Ethologie und die Neurowissenschaften anschließt, diesen gegenüber aber Eigenständigkeit beanspruchen und auch begründen kann.

Die genetisch-strukturale Erkenntnistheorie hat eine Reihe von Aufgaben zu erfüllen. Dazu zählen, um nur einige zu nennen:

– die Analyse des Strukturbegriffs und die Problematisierung von Strukturen – etwa das Verhältnis von Reproduktion und Transformation, Determination und Emergenz, Synchronie und Diachronie;
– die Erörterung von Grundbegriffen der Sozialisationstheorie;
– die Erarbeitung der konstitutionstheoretischen Grundlagen eines allgemeinen Krisenmodells, das die Nachzeichnung der Konstitution von Erfahrung, Erkenntnis und Bildung in der humanen Ontogenese erlaubt.
– die Behandlung der Probleme, die um die Interdisziplinarität der Sozialisationstheorie kreisen;
– die Auseinandersetzung mit konkurrierenden Erkenntnistheorien.

Zu dem letztgenannten Aspekt der Auseinandersetzung mit anderen Erkenntnistheorien sollen im folgenden einige Anregungen gegeben werden. Die extensive Auseinandersetzung mit den einzelnen hier nur kurz angedeuteten Konzeptionen muß jedoch an anderer Stelle erfolgen.

Betrachten wir zunächst die deutsche Bewußtseinsphilosophie, und zwar die Version der Kantischen Transzendentalphilosophie. Für diese ist u. a. die Trennung von Transzendentalphilosophie und Erfahrungswissenschaft, von transzendentallogischer Begründung und erfahrungswissenschaftlichen Gesetzeshypothesen kennzeichnend. Als Erfahrungswissenschaft sah Kant paradigmatisch die Newtonsche Physik an, von der ausgehend er seine Transzendentalphilosophie, seine a priori geltenden Kategorien des erkennenden Verstandes bzw. die Bedingungen der Möglichkeit von Erfahrung konzipierte. Interessant ist in unserem Zusammenhang nun die Tatsache, daß der Neukantianismus gegenüber den Erfahrungswissenschaften geisteswissenschaftlicher Provenienz die Grundprinzipien der Kantischen Erfahrungskonstitution übernommen hat – mit dem bis in die Gegenwart nachwirkenden Resultat der Trennung von nomothetischen bzw. nomologischen Erfahrungswissenschaften, die allgemeine Gesetze (in der Regel Naturgesetze) formulieren, und den ideographischen Geisteswissenschaften, die solche Gesetze nicht zu ihrem Gegenstande haben könnten, da sie einzigartige, besondere und nicht wiederholbare Gebilde zu ihrem Objekt haben. Dies wiederum hatte die Debatte über Erklären und Verstehen zur Folge, wobei den nomothetischen Erfahrungswissenschaften das Erklären und den Geisteswissenschaften das Verstehen zugeschrieben wurde. Der genetische Strukturalismus zeigt nun vor dem Hintergrund der Errungenschaften der Theorien des Geistes (Lévi-Strauss, Mead, Peirce, Piaget, Chomsky, Searle, Oevermann u. a.) und der Rezeption von Evolutionsbiologie und Neurowissenschaften, daß eine solche Perspektive nicht mehr haltbar ist und als veraltet und faktisch überwunden gelten kann. Mit der Entdeckung des Dritten im Sinne kultureller Universalien wird es für die Sozial- und Kulturwissenschaften möglich, analog zu den Naturwissenschaften Gesetze zu formulieren, die Strukturgesetze sind und im Unterschied zu den naturwissenschaftlichen Gesetzen die Eigenschaften der Regelgeleitetheit und Sinnstrukturiertheit aufweisen. Auf der Folie der kulturellen Universalien können nun die bisher nur als transzendentallogisch behandelbar geltenden Fragen erfahrungswissenschaftlich geklärt werden. Für die zukünftige strukturale Sozialisationstheorie und Sozialisationsforschung bedeutet dies: Die Dichotomie von transzendentallogischen Begründungen und empirischen Gesetzeshypothesen ist durch ein Modell der Architektonik von Strukturen unterschiedlicher Reichweite zu ersetzen.

An zwei Beispielen soll dies gezeigt werden. Das erste Beispiel bezieht sich auf das Inzesttabu (Lévi-Strauss), das zweite auf die Sprachtheorie (Chomsky). Beginnen wir mit dem Inzesttabu. Dieses Verbot wäre nun nicht mehr transzendentallogisch abzuleiten; es kann empirisch überprüft und seine Bedingungen können aufgewiesen werden. Wir haben bereits gezeigt, daß seine Universalität in seiner Negativität und seine Positivität in Heiratsregeln und später der Verinnerlichung des Tabus besteht. An die Stelle der Transzendentallogik tritt in diesem Fall eine kulturelle Universalie. Insofern können wir sagen: Die alten transzendentallogischen Ableitungshierarchien gelten nicht mehr. Auszugehen ist vielmehr von realen natur- und menschheitsgeschichtlich emergierenden, sich selbst erzeugenden und transformierenden Strukturen. Als weiteres Beispiel dient uns die Chomskysche Sprachtheorie. Bei der Chomskyschen Kompetenztheorie handelt es sich »im Ansatz um einen Theorieentwurf, der paradoxerweise zugleich die Ebene erfahrungswissenschaftlicher Hypothesen umfaßt. In transzendentallogischer Hinsicht formuliert die Theorie die Bedingungen der Möglichkeit des Sprachgebrauchs und damit der Formulierung inhaltlicher Theorien. Analog den Apriori-Kategorien des erkennenden Verstandes werden die a priori geltenden Kategorien des Sprache gebrauchenden Verstandes expliziert, auf die, ist die Theorie einmal so weit getrieben worden, wie Chomsky das getan hat, wir einsehbar unser Handeln, ob wir wollen oder nicht, gründen und immer gegründet haben. Diese Theorie formuliert außerdem ein materiales erkenntnis-anthropologisches Apriori als Emergenz der Gattungsgeschichte. In erfahrungswissenschaftlicher Hinsicht handelt es sich jedoch gleichzeitig ohne Zweifel um die Explikation empirisch überprüfbarer Strukturen nicht nur der ausgebildeten Kompetenz, sondern auch der notwendigen Voraussetzungen ihres Erwerbs ... Sollte diese Einschätzung richtig sein, so stellt sich zwingend die Frage, ob nicht für den Gegenstand der sozialwissenschaftlichen Erfahrung die Trennung von transzendentallogischer Begründung und erfahrungswissenschaftlichen Gesetzeshypothesen ... aufgegeben werden und an diese Stelle ein Modell von Annahmen abgestufter Reichweite der Universalität treten muß.«[35] Der genetische Strukturalismus zeigt, daß im Zuge der naturalistischen Wende an die Stelle der Transzendentallogik ein Modell der Architektonik von Strukturen unterschiedlicher Geltungsweitreiche treten muß.

Auf weitere Auseinandersetzungen des genetischen Strukturalismus etwa mit dem Empirismus, dem Behaviorismus, der subjektivistischen Handlungstheorie, dem Konstruktivismus und der Systemtheorie kann hier nicht weiter eingegangen werden.

4.8. Strukturale Sozialisationstheorie und Neurowissenschaften (Erkenntnistheorie II)

Eine zukünftige strukturale Sozialisationstheorie muß interdisziplinär orientiert sein. Am Beispiel der Neurowissenschaften, und zwar an den ausgewählten Themenkomplexen Evolution und Kognition sowie Gehirn, Unbewußtes und Handeln soll dies gezeigt werden.

4.8.1. Evolution und Kognition[36]

Bereits die von dem Neurowissenschaftler W. Singer aufgeworfene Frage, wie Wissen über die Welt in unser Gehirn gelangt und welche Rolle dieses dann bei der Strukturierung und Interpretation von

35 Oevermann, »Die Architektonik von Kompetenztheorien und ihre Bedeutung für eine Theorie der Bildungsprozesse«, S. 33.

36 Ich stütze mich im folgenden vor allem auf die einschlägigen Studien des Frankfurter Neurowissenschaftlers Wolf Singer, und zwar auf: »Neurobiologische Anmerkungen zum Konstruktivismus-Diskurs«; »The forma-

Signalen aus der Umwelt spielt, ist für die Sozialisationstheorie von großer Relevanz.[37] Denn ohne Verständnis dieses grundlegenden Prozesses läßt sich die Sozialisation des Subjekts nicht angemessen nachzeichnen. Widmen wir uns daher dieser Frage. Dazu ist es erforderlich, zunächst kurz auf die evolutionsgeschichtliche Entwicklung des Gehirns einzugehen.

Die Architektur des Gehirns ist Resultat evolutionärer Prozesse der Selektion und Anpassung. Im Evolutionsprozeß wurde Wissen erworben, das in den Genen gespeichert ist und das qua embryonalem Entwicklungsprozeß in Hirnstrukturen umgesetzt wird und auf dessen Grundlage die Informationen aus der Umwelt und dem eigenen Organismus verarbeitet werden. »Hierin drückt sich das Wissen aus, das im Lauf der Evolution durch Versuch, Irrtum und Selektion des Bewährten über die Welt erworben und in den Genen gespeichert wurde. Über den embryonalen Entwicklungsprozeß wird dieses Regelwissen dann in Hirnstrukturen umgesetzt und steht hinfort dem Organismus zur Verfügung, um Signale aus der umgebenden Welt und aus dem Organismus selbst zu ordnen und zu interpretieren.«[38] Vergegenwärtigen wir uns zusätzlich einige Struktureigenschaften des Säugergehirns. Dessen Großhirnrinde ist in verschiedene Areale eingeteilt, die miteinander verschaltet sind und die unterschiedliche Funktionen haben. Dabei gilt, daß die Verschaltungsprinzipien die Möglichkeiten und Grenzen synästhetischer Erfahrungen festlegen. In dieser »strukturellen Anordnung von Arealen drücken sich Verschaltungsprinzipien aus; Areale, die nah beieinander liegen, sind auch eng miteinander verschaltet. Topologien definieren Verschaltungen, die ihrerseits die Rolle von Programmen haben; somit repräsentiert topologische Ordnung Wissen. In dieser differenzierten Architektur liegen die Regeln, die angeben, nach welchen Kriterien bestimmte Aspekte der Sehwelt miteinander verbunden werden, denn welche Areale miteinander verbunden sind, legt letztlich fest, welche Merkmale miteinander assoziiert werden können. In jedem dieser verschiedenen Areale werden jeweils nur ganz bestimmte Aspekte der Sehwelt abgearbeitet, Textur, Farb- und Formmerkmale in den einen, Bewegungs- und Lageinformation in den anderen. Was womit wie assoziierbar ist, hängt also davon ab, ob und wie die verschiedenen Areale miteinander verbunden sind. Die Grenzen synästhetischer

tion of cooperative cell assemblies in the visual cortex«; »Visual feature integration and the temporal correlation hypothesis« (mit C. M. Gray).

37 Singer, »Neurobiologische Anmerkungen zum Konstruktivismus-Diskurs«, S. 377-400.

38 Ebd., S. 379 f.

Erfahrung werden durch solche Verschaltungsprinzipien festgelegt. Areale, die nicht direkt miteinander verbunden sind, können ihre Analyseergebnisse auch nicht direkt austauschen.«[39] Fügen wir noch an, daß zu diesem evolutiven Wissen Erfahrungswissen aus der frühen Ontogenese und durch Lernen erworbenes Wissen hinzukommt, so haben wir »drei Wissensquellen, die die funktionelle Architektur des jeweiligen Gehirns und damit das Programm, nach dem das betrachtete Gehirn arbeitet«, bestimmen.[40] Es stellt sich nun die Frage, wie dieses Wissen aktiviert wird, um Wahrnehmungsprozesse zu strukturieren. Dabei spielt die Synchronisationshypothese über die Funktionsweise des Gehirns eine entscheidende Rolle für die Erklärung der Entstehung neuer Erfahrungen, die ja im Kontext der Frage nach der Konstitution des Subjekts in der Sozialisationstheorie zentral ist. Was ist mit der Synchronisationshypothese gemeint? Diese Hypothese betrachtet das Gehirn »als aktives, Hypothesen formulierendes und Lösungen suchendes System«.[41] Insbesondere für Gehirne, die mit einer Großhirnrinde ausgestattet sind, gilt demzufolge, daß sie eine Strategie verfolgen können, »die erheblich mehr Freiheitsgrade für die Repräsentation neuer Muster einräumt und vermutlich notwendige Voraussetzung für die kreative Verknüpfung von Inhalten darstellt«.[42] Der Input der Umwelt wird durch die spontane Eigentätigkeit der neuronalen Verschaltungspläne des Gehirns interpretiert. Denn: »Bedeutsamer wird mit zunehmender Entfernung von den Sinnesorganen selbstgenerierte Aktivität, welche von den Sinnesorganen lediglich moduliert wird.«[43] Es ist zu vermuten, »daß die Spontanaktivität Ausdruck eines fortwährenden Generierens von Hypothesen, von Erwartungswerten ist, an denen einlaufende Signale gemessen und gegebenenfalls über Synchronisation miteinander verbunden werden.«[44] Warum ist die Synchronisationshypothese für die Sozialisationstheorie von so großem Interesse? Dies wird sofort evident, wenn man bedenkt, daß sie Erklärungen über Spontanaktivität, Assoziationen und kreative Verknüpfungen von Inhalten impliziert. Denn Spontaneität, Assoziationen und kreative Verknüpfungen von Inhalten sind auch zentrale Merkmale der Spontaneitätsinstanz des »I« , des Lebendigkeits- und Subjektkerns. George Herbert Mead hat in seiner Sozialpsychologie und Sozialphilosophie diese Instanz als

39 Ebd., S. 380.
40 Ebd., S. 384.
41 Ebd., S. 385.
42 Ebd.
43 Ebd., S. 391.
44 Ebd., S. 397.

eine Instanz bezeichnet, die sowohl bei der kreativen Krisenlösung als auch bei der Entscheidung, dem spontanen Handlungsvollzug, die zentrale Rolle spielt.[45] Insofern können wir mit Blick auf eine Krise im Handlungsakt sagen: Angesichts der Konfrontation des Aufmerksamkeitszentrums eines Subjekts mit einem unbekannten und unbestimmten Gegenstand X läßt bereits die erste Spontanreaktion des »I« in der Krise Bilder *(images)* emergieren, die durch Assoziationen und die kreative Verknüpfung von Inhalten zustandekommen. »Das für die Formulierung von Erwartungen erforderliche Vorwissen liegt bereits in der funktionellen Architektur der Großhirnrindenverbindungen dauerhaft verankert. Vermittels spontanen Austauschs von Aktivität zwischen den gekoppelten Neuronen könnte dieses Wissen dann in dynamische, raum-zeitlich hochkomplexe und vermutlich sehr spezifische Schwingungsmuster umgesetzt werden. Diese Muster hätten dann de facto die Funktion intern generierter Hypothesen und formten eintreffende Sinnessignale gemäß diesen Erwartungen so um, daß diese ihrerseits raum-zeitliche Muster aufgeprägt bekommen, in denen sich der Grad der Übereinstimmung zwischen Erwartung und tatsächlich Vorhandenem ausdrückt.«[46] Die Synchronisationshypothese ist damit unseres Erachtens dazu geeignet, zumindest partiell das neuronale Substrat der Spontaneitätsinstanz des »I« als Quelle der Entstehung neuer Erfahrungen aufzuweisen.[47] Damit leistet sie einen wichtigen Beitrag zum Verständnis dessen, was Subjektivität ausmacht.

4.8.2. *Das Gehirn, das Unbewußte und das Handeln – Eine kritische Auseinandersetzung mit den Neurowissenschaften*

In der zukünftigen interdisziplinären Zusammenarbeit zwischen Neurowissenschaften und Sozialisationstheorie geht es auch um gegenseitige Kritik. Hier wollen wir die ungenügende Berücksichtigung zentraler Konstituentien menschlichen Handelns im Handlungsbegriff der Neurowissenschaften kritisieren. Dazu ist zunächst einmal der Zusammenhang, der in den Neurowissenschaften zwischen Gehirn, unbewußt verlaufenden neuronalen Vorgängen und dem mensch-

45 Die Kategorie der Spontaneitätsinstanz des »I« wird erst im zweiten Band extensiv behandelt. Siehe Wagner, *Krise und Sozialisation. Strukturale Sozialisationstheorie* ii.

46 Ebd.

47 Siehe dazu auch: Wagner, »Thesen zu einer zukünftigen Sozialisationstheorie«.

lichen Handeln hergestellt wird, zu betrachten. Neuerdings werden vor dem Hintergrund der neurowissenschaftlichen Entdeckungen über die Funktionsweise des Gehirns von führenden Repräsentanten der Neurowissenschaften weitreichende Schlußfolgerungen bezüglich des menschlichen Handelns gezogen. So ist die Rede davon, daß die unbewußt verlaufenden neuronalen Prozesse im Gehirn das menschliche Handeln deterministisch bestimmen. Es wird in diesem Zusammenhang von einem neuronalen Determinismus gesprochen. Dabei wird gegen die Willensfreiheit argumentiert, die von der Autonomie menschlichen Handelns abgegrenzt wird, und es werden Folgerungen bezüglich der Verantwortlichkeit von Straftätern und einer Veränderung des Strafrechts gezogen. W. Singer schreibt: »Die Annahme zum Beispiel, wir seien voll verantwortlich für das, was wir tun, weil wir es ja auch hätten anders machen können, ist aus neurobiologischer Perspektive nicht haltbar. Neuronale Prozesse sind deterministisch.«[48] Und W. Roth: »Das Gehirn hat die Handlung tatsächlich unbewußt festgelegt, und diese Entscheidung wird uns mit einer gewissen Verzögerung bewußt. Diese unbewußte Entscheidung über das Auslösen von Bewegungen gilt im übrigen unabhängig von der Zeit, die wir darauf verwendet haben, um die Bewegung vorzubereiten. Ob wir spontan nach der Kaffeetasse vor uns greifen oder uns lange fragen, ob wir das nun tun sollen oder nicht – die Letztentscheidung, ob etwas tatsächlich getan wird, fällt in den Basalganglien ein bis zwei Sekunden *vor* Beginn der Bewegung. Hinzu kommt natürlich die weitere Tatsache, daß wir auch beim langen Hin- und Herüberlegen unter starkem Einfluß des limbischen Systems stehen«.[49]

Die Neurowissenschaftler betrachten die Konstitution menschlichen Handelns vor dem Hintergrund neuronaler, substrathafter Prozesse im Gehirn *eines* Individuums. Deren Ablauf beschreibt Roth, bezogen auf die Steuerung der Willkürmotorik, wie folgt: »Nervenbahnen (corticostriäre Fasern) ziehen von verschiedenen Teilen der Großhirnrinde zu den Basalganglien, von dort aus zum Thalamus und schließlich zurück zum präfrontalen, motorischen, prämotorischen und supplementärmotorischen Cortex. Vom motorischen und prämotorischen Cortex aus zieht die Pyramidenbahn zu Motorzentren im Rückenmark, die unsere Muskeln steuern. Bewußt (im Stirnhirn) geplante Handlungen gelangen über die Pyramidenbahn nur dann zur Ausführung, wenn sie vorher die ›Schleife‹ zwischen Cortex, Basalganglien und Thalamus durchlaufen haben und hierbei

48 Singer, *Ein neues Menschenbild?*, S. 20.
49 Roth, *Aus der Sicht des Gehirns*, S. 178.

die Basalganglien der beabsichtigten Handlung ›zugestimmt‹ haben. Die Basalganglien ihrerseits werden von Zentren des limbischen Systems kontrolliert.«[50] Dabei werden vergangene Erfahrungen und Lernprozesse in diesem neuronalen Ablauf berücksichtigt: »Was eine Person tut, ist neben genetischen Faktoren im wesentlichen das Produkt eines Lernprozesses, vermittelt durch das limbische System. Dieses System bewertet – wie gehört – alles nach gut/angenehm und schlecht/unangenehm. Es bestimmt die Handlungen nicht danach, was das bewußte Ich will, sondern danach, ob dieselben oder ähnliche Handlungen positive oder negative Konsequenzen hatten und deshalb wiederholt oder vermieden werden sollen. Dies dient dazu, daß wir alle Dinge, die wir tun, im Lichte unserer vergangenen Erfahrung zu tun. Damit ist es auch in gewissen Grenzen für Umlernen und Umerziehung empfänglich. Diese Grenzen sind in früher Jugend weit, in späterem Alter eng, aber sie sind vorhanden.«[51]

Zur Kritik steht hier nicht die Ausweitung der Dimensionen des Unbewußten im menschlichen Handeln, die durchaus zur Aufklärung des menschlichen Handelns beiträgt. Es geht vielmehr um die Kritik der verengten Perspektive, aus der menschliches Handeln betrachtet wird, und um die Ausklammerung zentraler Konstituentien von Handeln. Menschliches Handeln wird ausschließlich aus der Perspektive *eines* Individuums betrachtet. Humanspezifisches Handeln aber zeichnet sich – im Gegensatz zu dem biogrammatisch programmierten Verhalten in subhumanen Gattungen – durch Regelgeleitetheit und Sinnstrukturiertheit aus, die sich erst in einem entäußerten sozialen Ablauf konstituieren. Sinn entsteht nicht im Inneren eines Individuums, sondern im Austauschprozeß mindestens zweier Individuen. Es handelt sich dabei nicht um intentionalen subjektiven Sinn, sondern um regelerzeugte objektive latente Sinnstrukturen, die eine eigenlogische Ebene der Realität, eine Realität sui generis als etwas Drittes begründen. Und vor diesem Hintergrund können wir sagen, daß praktisches Handeln durch objektive latente Sinnstrukturen gesteuert wird. Diesen Konstitutionsprozeß und diese Dimension menschlichen Handelns bekommt die Neurowissenschaft nicht in den Blick. W. Singer ahnt dies und weist indirekt darauf hin, wenn er argumentiert: »Zur Erklärung der Emergenz sozialer Realitäten müssen lediglich zusätzlich Wechselwirkungen zwischen Gehirnen mitbetrachtet werden. Diese kommunikativen Prozesse, in denen sich kognitive Systeme gegenseitig bespiegeln und sich ihrer selbst

50 Ebd., S. 174.
51 Ebd., S. 181.

vergewissern, werden bisher in der Hirnforschung nur wenig thematisiert.«[52] Die Argumentation macht deutlich, daß die Hirnforschung bisher das Problem der Sozialität und daraus folgend die Regelgeleitetheit und Sinnstrukturiertheit humanen Handelns ausklammert. Sie beschreibt neuronale, substrathafte und von Sinnstrukturiertheit nicht berührte Prozesse und schließt auf dieser Grundlage auf die Verfaßtheit menschlichen Handelns. Ausgeklammert bleibt das, was menschliches Handeln erst zu menschlichem Handeln macht: die durch algorithmische Regeln erzeugte Sinnstrukturiertheit. Das heißt zugleich, die Perspektive der Neurowissenschaften bleibt tendenziell auf die neuronalen Prozesse im Inneren des Individuums begrenzt. Zwar werden interiorisierte vergangene Erfahrungen und Lernprozesse (bzw. gespeichertes Wissen) berücksichtigt, doch dies erfolgt viel zu undifferenziert, weil nicht erkennbar ist, daß es sich hier um sinnstrukturierte Zusammenhänge handelt. Die neurowissenschaftliche Perspektive schließt drei Aspekte aus, die für das menschliche Handeln grundlegend sind. Von ihr her kommt nicht in den Blick: a) daß menschliches Handeln wesentlich auf regelerzeugten objektiven latenten Sinnstrukturen basiert; b) wie diese objektiven Sinnstrukturen vom Individuum wahrgenommen, im Gedächtnis abgespeichert und rekonstruiert werden; c) in welchem Ausmaß diese interiorisierten objektiven latenten Sinnstrukturen den Entscheidungsprozeß, der unbestreitbar letztlich neuronal abläuft, mitbestimmen.

Um diese Aspekte konstitutiv mitzuberücksichtigen, sind zunächst einmal zwei Sphären auseinanderzuhalten: einerseits die Sphäre des Neuronalen, der neuronalen Prädikation, und andererseits die des Sprachlich-Sinnstrukturierten, der sprachlichen Prädikation. In einem zweiten Schritt ist dann der Zusammenhang zwischen der Sphäre der Natur, zu der die biologischen Grundlagen des erkennenden Geistes und die unbewußt verlaufenden neuronalen Prädikationen zu zählen sind, und der Sphäre der Kultur als der einer emergenten, durch algorithmische Regeln erzeugten sinnstrukturierten Welt zu bestimmen. Es sind also die neueren Erkenntnisse der Neurowissenschaften in die Bestimmung der Logik sinnstrukturierten Handelns einzubeziehen. Dies erfordert den Entwurf eines komplexen Modells. Von unserem Krisenmodell her argumentiert gilt nämlich, daß die eine Krise verursachenden unbekannten Gegenstände, die Xe, immer schon als verrechnete unmittelbare Perzepte vorliegen müssen, damit eine Krise durch Wahrnehmung überhaupt entsteht.[53] Andererseits

52 Singer, *Ein neues Menschenbild?*, S. 12.

53 Siehe dazu die einschlägigen Arbeiten von Oevermann sowie: Wagner, *Ob-*

ist im weiteren Prozeß der Krisenbewältigung der erkennende Geist, der mit Hilfe sprachlicher Prädikationen arbeitet, unabdingbar. Die zentrale Frage dieser dringend benötigten neuen neurowissenschaftlich und sinntheoretisch aufgeklärten Erkenntnistheorie könnte man wie folgt formulieren: Wie erfolgt die Verknüpfung von neuronalen, substrathaften Prozessen mit der Sinnstrukturiertheit menschlicher Praxis? Erst in dieser erweiterten Perspektive wäre die Diskussion über menschliches Handeln zu führen. Es ist nicht sehr fruchtbar, über menschliches Handeln zu diskutieren, wenn dessen Spezifik – Regelgeleitetheit und Sinnstrukturiertheit, also das, was Kultur im Gegensatz zu Natur wesentlich ausmacht –, ausgeblendet bleibt. Dies gilt insbesondere dann, wenn es um die Frage nach der Autonomie menschlichen Handelns geht.

4.8.3. Das Subjekt und das Unbewußte – Ein Überblick

Versuchen wir nun, einen kurzen Überblick über die Dimensionen des Unbewußten des Subjekts zu geben. Wie angedeutet, erfordern die neueren Erkenntnisse der Neurowissenschaften eine erhebliche Ausweitung der Sphäre des Unbewußten des Subjekts. Das Unbewußte spielt im psychischen Leben und im Erkenntnis- und Handlungsprozeß des Subjekts eine weitaus größere Rolle als bislang angenommen. Dies nachzuweisen, ist den Neurowissenschaften durch die Anwendung neuer Methoden, vor allem bildgebender Verfahren gelungen. »Mit raffinierten neuen Methoden, welche die Bewegung und Umwandlung selbst einzelner Atome und Moleküle der Beobachtung zugänglich machen, hat die Forschung heute eine Beschreibungsebene erreicht, welche unentwegt neue und überraschende Daten erbringt, deren Zuordnung zu den primären Fragestellungen keineswegs immer möglich ist. Die Antworten kommen bereits vor den Fragen. Die chemischen und physikalischen Vorgänge, die sich an und in einzelnen Neuronen abspielen, sind heute bis in unglaubliche Details bekannt und werden immer weiter untersucht und beschrieben ...«[54] Das dynamische Unbewußte im Sinne Freuds entpuppt sich vor diesem Hintergrund lediglich als Teil eines umfassender anzusetzenden Unbewußten. Dabei ist es nicht nötig, die verschiedenen Dimensionen des Unbewußten einander zu konfrontieren; sie sind

jektive Hermeneutik und Bildung des Subjekts; ders., *Krise und Sozialisation. Strukturale Sozialisationstheorie II.*

54 Florey und Breidbach, *Das Gehirn – Organ der Seele?* (Vorwort).

vielmehr als aneinander anschlußfähig zu denken. Denn: »Die neurowissenschaftliche Forschung der Gegenwart hat die Bedeutung des Unbewußten auf eine ungeahnte Weise wieder in den Mittelpunkt gerückt und uns klargemacht, daß die kompliziertesten Prozesse in unserem psychischen Leben dem Bewußtsein verschlossen sind und unbewußt ablaufen. Dieses Unbewußte muß man dem dynamischen Unbewußten, das Freud entdeckte, nicht entgegensetzen. Man kann es durchaus in Kontinuität dazu sehen bzw. theoretisch daran anschließen, wenn man sich vorstellt, wie wenig Freud zu seiner Zeit mit Meßinstrumenten in das Innere der Vorgänge im Gehirn vordringen konnte im Vergleich zur heutigen Leistungsfähigkeit bildgebender Verfahren, und wie sehr er darauf angewiesen war, durch äußerst penible und genaue zugleich gestaltrichtige Diagnostik an der Peripherie des Körpers und unter Zuhilfenahme faktisch hermeneutischer Sinnauslegung von Symptomtexten auf die Vorgänge im Unbewußten zu schließen.«[55] Wir unterscheiden hier zunächst fünf Dimensionen des Unbewußten:[56]

- das Freudsche dynamische Unbewußte;
- das phylogenetische Unbewußte (u. a. Freuds ›phylogenetische Erinnerungsspuren‹; Jungs ›Archetypen‹);
- das Unbewußte, das auf frühe ontogenetische Erfahrungen zurückgeht; es handelt sich dabei um frühe Erlebnisse und Erfahrungen, die archiviert sind, aber nicht erinnert werden können;
- das Unbewußte, das die Neurowissenschaften mit Hilfe bildgebender Verfahren nachgewiesen haben; es handelt sich um das Unbewußte der neuronalen Vorgänge, die basal für unser Fühlen, Wahrnehmen, Denken, Erinnern und Bewegen sind;
- das Unbewußte des impliziten, schweigenden Wissens *(tacit knowledge)*, »wie man es für die operative Kenntnis von sprachlichen Regeln, von Regeln des logischen Schließens und anderen epistemischen Universalien annehmen muß«.[57]

Am ehesten ist von einer Überlappung und nicht von einer Trennung dieser verschiedenen Dimensionen des Unbewußten auszugehen.

Die Ausweitung der Dimensionen des Unbewußten des Subjekts erfordert eine Umstellung der alten Erkenntnistheorie. Erkenntnis

55 Oevermann, »Die Farbe – Sinnliche Qualität, Unmittelbarkeit und Krisenkonstellation«, S. 453 f.

56 Es hat sich als notwendig erwiesen, weitere Dimensionen des Unbewußten hinzuzufügen und eine Architektonik des Unbewußten zu entwerfen. Siehe dazu Wagner, *Krise und Sozialisation, Strukturale Sozialisationstheorie* ii.

57 Oevermann, »Die Farbe – Sinnliche Qualität, Unmittelbarkeit und Krisenkonstellation«, S. 454.

beginnt immer schon mit der neuronalen unbewußten Prädizierung, bevor die bewußte sprachlich vermittelte Prädizierung einsetzt. Von größtem Interesse ist, daß mit der neuronalen Prädizierung immer schon eine relative Lösung der Krise einhergeht. In einer neuen neurowissenschaftlich aufgeklärten Erkenntnistheorie wäre demnach der erkennende Geist der alten Erkenntnistheorie wie folgt zu konzeptualisieren. Er »erschließt sich die über die Wahrnehmungsorganisation auf ihn einwirkende erfahrbare Welt zunächst ähnlich wie die subhumanen Gattungen, nur differenzierter und komplexer, über die unbewußt verlaufende neuronale Prädizierung und erst dann in einem bewußten begrifflichen Erkenntnisakt über eine sprachlich angeleitete Prädizierung. Entsprechend wird die von unmittelbar gegebenen Sinneseindrücken erzeugte Unbestimmtheitskrise durch neuronale Bearbeitung schon immer relativ gelöst, bevor sie als krisenhafte Überraschung zum Inhalt eines manifesten Krisenbewußtseins wird, in dem ihrerseits diese Krise durch begriffliche Arbeit gelöst wird.«[58]

Diese Aufführungen sollten ausreichen, um exemplarisch die Bedeutung der Neurowissenschaften für die Sozialisationstheorie aufzuzeigen.

58 Ebd., S. 440.

II. Grundbegriffe der Sozialisationstheorie

Die Konzeptualisierung einer zukünftigen Sozialisationstheorie erfordert den Entwurf eines Bestandes von Grundbegriffen. Diese Begriffe müssen aus der analytischen Distanz zur Praxis und aus der Perspektive der Genese und Konstitution des sprach- und handlungsfähigen Subjekts gewonnen werden. Die Kategorienbildung darf sich also weder in der bloßen Paraphrase des in der sozialisatorischen Praxis Gegebenen erschöpfen noch darf sie auf der Ebene des bereits sozialisierten Subjekts ansetzen. Dies erfordert ein strukturanalytisches Vorgehen. Dabei müssen zunächst die Theoriestränge der Naturgeschichte und der humanen Ontogenese analytisch getrennt werden, und es muß konstitutiv berücksichtigt werden, daß sich die humane Ontogenese nur angemessen erfassen läßt, wenn sie als in die Naturgeschichte eingebettet gedacht wird. Vor dem Hintergrund dieser Voraussetzungen lassen sich Kategorienfehler, Begriffsverkürzungen und falsche Konstruktionen, in die sich die traditionellen Sozialisationstheorien nur allzu oft verstrickt haben, vermeiden.

Unter diesen Prämissen erweist sich die Kategorie der Sozialität sui generis als der Grundbegriff der strukturalen Sozialisationstheorie. Zum weiteren Arsenal der Grundbegriffe, die in ihrer Konstitutionslogik auf diesen zurückverweisen und nicht dessen Abstraktionshöhe erreichen, zählen u. a.: Regel, human-sozialer Akt, Sinn, sozialisatorische Interaktion, Lebenspraxis, Krise, Routine, Subjektivität, Autonomie, Identität, Bewährung, Gemeinschaft, Gesellschaft, methodisches Verstehen und Kritik. Diese Begriffe sind als Grundbegriffe darzustellen und in Beziehung zueinander zu setzen. Es geht dabei um eine knappe und präzise Fassung. Mit dem Entwurf dieser Begriffe ist lediglich ein Grundbestand geschaffen. Auf einer sich daran anschließenden Ebene sind dann in einem zweiten Schritt spezifische Begriffe wie etwa Habitusformation, Deutungsmuster usw. zu bestimmen.

1. Der Grundbegriff der Sozialität

Sozialität ist unserer Konzeption zufolge *der* Grundbegriff der Sozialisationstheorie. Warum aber ist Sozialität der basale Begriff, wenn es um Sozialisation geht? Es lassen sich dazu mindestens vier Argumente geltend machen:

Erstens: Sozialität ist immer schon gegeben. Sie ist bereits auf der Ebene der subhumanen Gattungen im Rahmen sozialer Kooperation vorhanden, bevor von ihrer humanspezifischen Form die Rede sein kann.

Zweitens: Sozialität verklammert Naturgeschichte und humane

Ontogenese. Sie reiht die humane Ontogenese in das evolutive Kontinuum der Naturgeschichte ein.

Drittens: Sie ist in Form der zweckfrei sich reproduzierenden rekursiv algorithmisch operierenden Reziprozität die kleinstmögliche analytische Einheit des Sozialen auf gattungsgeschichtlicher Ebene. Alle weiteren Begriffe der Sozialisationstheorie verweisen in ihrer Konstitutionslogik und in ihrem Eingebettsein auf Sozialität zurück.

Viertens: Sie ist die Basisstruktur der Regelhaftigkeit von Regeln.

Sozialität gibt es nicht erst auf der evolutiven Ebene der humanen Gattung; sie ist nichts Humanspezifisches. Bereits die subhumanen Gattungen können ihre Grundfunktionen der sexuellen und materiellen Reproduktion nur erfüllen, wenn sie innerartlich kooperieren. Insofern können wir auch sagen, daß die objektive Struktur von Sozialität immer schon da ist. Wir haben bereits darauf verwiesen, daß diese These neuerdings eine eindrucksvolle Bestätigung durch die Entdeckung der Spiegelneuronen (*mirror neurons*) in den Neurowissenschaften erfährt. Die innerartliche Kooperation, die Verständigung von Exemplaren derselben Gattung untereinander, bildet das Fundament. Die Exemplar-Exemplar-Relation innerhalb derselben Gattung hat konstitutionslogisch Priorität vor der Exemplar-Umwelt-Relation. Es ist die zweckfrei sich reproduzierende Reziprozität, die konstitutionslogisch Bedingung der Möglichkeit von höher Aggregiertem wie etwa der spezifisch humanen Form der Perspektivenübernahme ist, die ihrerseits wiederum eine andere Tauschform – den ökonomischen Tausch und strategisches Handeln – erst ermöglicht. Die Grundform der Sozialität ist also die zweckfreie Reziprozität, die nach dem Modell eines rekursiven Algorithmus operiert. Sie ist ein »abstrakter Formalismus«, der sich zwar am einfachsten realisiert in der *face to face-Interaktion*, aber über diese hinausweist und nicht an deren Konkretion gebunden ist.[1]

2. Regelgeleitete Sozialität – sozialer Akt – Sinn – sozialisatorische Interaktion

Wir haben bereits gezeigt, daß die Regelhaftigkeit als solche aus der Sozialität sui generis abzuleiten ist. Sozialität als eine zweckfrei sich reproduzierende Reziprozität ist demzufolge »als Mutterstruktur der Regelhaftigkeit von Regeln« anzusehen.[2] Sie ist die Regel der Regeln.

1 Oevermann, »Kontroversen über sinnverstehende Soziologie«, S. 57.

2 Oevermann, »Überlegungen zur Integration und Synthesis der begrifflichen

Der soziale Akt *(social act)* auf der Ebene der humanspezifischen Sozialität läßt sich nun wie folgt charakterisieren:

- Er ist immer schon gegeben.
- Er ist regelgeleitet (von Regeln universaler Reichweite wie der Basisregel der Sozialität als zweckfrei sich reproduzierender Reziprozität, den Regeln der universalgrammatischen, logischen, moralischen und sprachlich-pragmatischen Urteilskraft sowie historisch-gesellschaftlich spezifischen und subkulturellen Regeln). Insofern ist er ein Amalgam von universalen und historischen Regeln, von Universalität und Historizität.
- Er funktioniert im Sinne eines rekursiven Algorithmus.
- Er stellt einen geschlossenen Handlungskreis dar.
- Er ist eine dynamische Einheit.
- Er ist die kleinstmögliche analytische Einheit sozialen Handelns. Die Einzelhandlung eines monologischen Subjekts ist konstitutionslogisch betrachtet immer schon eine Abstraktion davon.

Die Konstitution von Sinn *(meaning)* erfolgt in der triadischen Relation zwischen Geste, Reaktion und Resultante im sozialen Akt. Resultat dieser Relation ist eine objektive Sinnstruktur, die vom subjektiven Sinn analytisch strikt zu unterscheiden ist. Die Differenz von objektivem und subjektivem Sinn ist für die Kategorienbildung der Sozialisationstheorie von grundlegender Bedeutung.

Wir haben bislang die Begriffe der Sozialität und des sozialen Aktes in ihrer humanspezifischen Form abstrakt zu bestimmen versucht. Realität erlangen sie jedoch erst in der Praxis der *sozialisatorischen Interaktion*: »Vieles spricht dafür, das den algorithmischen Regeln Gemeinsame der Regelhaftigkeit als solcher in der universalen Struktur von Sozialität zu fundieren, deren Kern aus der Reziprozitäts-Regel besteht, die zugleich das Prinzip von Sittlichkeit im Hegelschen Sinne und von Kooperation ausmacht. Denn der Regelcharakter der Algorithmen des logischen Schließens, der sprachlichen Kompetenz, des Sprechhandelns und der sozialen Kooperation ist diesen nicht kraft ihrer spezifischen Funktion und ihres spezifischen Gehalts gegeben, sondern kommt ihnen dadurch zu, daß sie von den sozialisierten Subjekten wie selbstverständlich geteilt werden und für verbindlich gehalten werden, nicht, weil sie ihnen beigebracht worden sind oder diese zu ihrer Verinnerlichung erzogen wurden, sondern weil sie die Struktur der basalen sozialisatorischen Interaktionspraxis konstituierten, die die sich bildenden Subjekte wie selbstverständlich in der

und methodischen Instrumentarien der Forschungen im Sonderforschungsbereich/FK 435 ›Wissenskultur und gesellschaftlicher Wandel‹«, S. 24.

Teilhabe an dieser Praxis bewußtseinsbildend und Kompetenzen formend interiorisiert haben.«[3] Derart von der Basiskategorie der Sozialität abgeleitet zählt der Begriff der sozialisatorischen Interaktion zum Bestand der Grundbegriffe der Sozialisationstheorie. Erst in der Praxis der sozialisatorischen Interaktion und der in ihr emergierenden objektiven latenten Sinnstrukturen, die der Heranwachsende sich sukzessive durch Rekonstruktionsleistungen aneignen muß, vollzieht sich der Bildungsprozeß des Subjekts.

Exkurs: Interaktion und Intersubjektivität

Bei der Applikation des Begriffs der sozialisatorischen Interaktion ist allerdings das Folgende zu beachten. Schon der Begriff der Interaktion ist mißverständlich. Deshalb kann er auch nicht *der* Grundbegriff einer strukturalen Sozialisationstheorie sein. Er verleitet zu einer falschen Kategorienbildung insofern er suggeriert, daß konstitutionslogisch die Aktion im Sinne einer individuellen Einzelhandlung der Interaktion vorausgeht. Erst durch den Zusammenschluß bzw. die Koordination von Einzelhandlungen käme dann Interaktion zustande. Es verhält sich jedoch genau umgekehrt. Nicht die Einzelhandlung, sondern die Interaktion im Sinne des sozialen Aktes *(social act)* ist die kleinstmögliche analytische Einheit der Handlung, von der auszugehen ist. Dies wird klar, wenn man bedenkt, daß erst qua Regelerzeugung menschliches Handeln möglich wird. Das scheinbare Einzel-Handeln ist schon immer an die vorausgehende Regelerzeugung angeschlossen, bewegt sich also im Medium von regelgeleiteter Sozialität. Die Einzelhandlung ist eine Abstraktion von Interaktion.

Die Vorstellung, die individuelle Einzelhandlung ginge der Interaktion voraus, ist ein Kategorienfehler, auf dessen Folgen in den Sozial- und Kulturwissenschaften U. Oevermann immer wieder hingewiesen hat, insbesondere in seiner Auseinandersetzung mit J. Habermas' *Theorie des kommunikativen Handelns*. Habermas bestimmt den Begriff des kommunikativen Handelns nämlich wie folgt: »Der Begriff des kommunikativen Handelns ist so angesetzt, daß die Akte der Verständigung, die die teleologisch strukturierten Handlungspläne verschiedener Teilnehmer verknüpfen und damit Einzelhandlungen zu einem Interaktionszusammenhang erst zusammenfügen, nicht ihrerseits auf teleologisches Handeln reduziert werden können.«[4] Damit

3 Ebd., S. 22 f.

4 Habermas, *Theorie des kommunikativen Handelns*, S. 388.

aber konzipiert Habermas kommunikatives Handeln als Koordination subjektiv-intentionaler Einzelhandlungen. Subjektiv-intentionales Handeln eines monologischen Subjekts setzt jedoch schon immer die Teilnahme an einer sozialen Kooperation voraus. Insofern ist die Ebene, auf der Habermas mit der Bestimmung des Begriffs des kommunikativen Handelns ansetzt, eine sekundäre, abgeleitete. Oevermann hat in diesem Sinne den Habermasschen Kommunikationsbegriff wie folgt kritisiert: »Denn ein Einzelhandeln, das in der *Theorie des kommunikativen Handelns* zunächst zur Grundlage der Kategorienbildung gemacht und dann mit anderem Einzelhandeln zur Kooperation bzw. Interaktion koordiniert wird, ist in sich eine problematische grundbegriffliche Bildung, weil es nur als eine Abstraktion von einer schon immer gegebenen Kooperation gelten kann. Insofern ist der eingeschliffene Begriff der Interaktion zumindest terminologisch ebenso unglücklich wie jener der Intersubjektivität. Beide setzen voraus, daß das von ihnen mit dem Präfix ›Inter‹ Verknüpfte als solches schon vorgängig eigenständig konstituiert sei. Genau darin drückt sich jedoch ein verhängnisvoller Kategorienfehler aus, der das Konstitutionsverhältnis von Sozialität und Subjektivität verkehrt – ein Kategorienfehler, der allen Handlungstheorien innewohnt und letztlich nur von den Traditionen des Strukturalismus und Pragmatismus überwunden wurde.«[5] Ebenso wie der Begriff der Interaktion ist auch der der Intersubjektivität mißverständlich und verleitet nur allzuleicht zu falschen Theoriekonstruktionen. Insofern sind die Begriffe der »Interaktion« und »Intersubjektivität« zumindest mit Vorsicht zu gebrauchen und im Bereich von Konstitutionstheorien möglichst zu vermeiden.

3. Lebenspraxis – Krise – Routine

Zum Bestand der Grundbegriffe einer strukturalen Sozialisationstheorie sind des weiteren *Lebenspraxis*, *Krise* und *Routine* zu zählen. Lebenspraxis konstituiert sich – unter den Prämissen regelgeleiteter Sozialität – durch das im Handlungsvollzug der Subjekte Emergierende. Erst durch den Vollzug einer Handlung wird Lebenspraxis als eine objektive Realität erzeugt. Lebenspraxis, basierend auf einer biologisch-leiblichen Basis und diese zugleich durch ihre Kreativität und Spontaneität transzendierend, ist gekennzeichnet durch die wi-

5 Oevermann, »Das Verhältnis von Theorie und Praxis im theoretischen Denken von Jürgen Habermas«, S. 443.

dersprüchliche Einheit von Entscheidungszwang und Begründungsverpflichtung. Sie kann sich auf ein Individuum, eine Gemeinschaft, eine Gruppe oder eine höher aggregierte Einheit wie etwa eine Gesellschaft beziehen. »Lebenspraxis bezeichnet also eine um eine zugleich biologisch gegebene Lebensmitte, um einen Leib und ein Unbewußtes zentrierte Subjektivität, die sich in ihrer Autonomie genau dadurch konstituiert, daß sie zugleich unter Entscheidungszwang steht, d. h. in einer Zukunftsoffenheit von Entscheidungsalternanten entscheiden muß, und diese Entscheidung begründen können muß ...«[6]

Die strukturanalytische Rekonstruktion der Lebenspraxis zeigt, daß in ihr die Krise der Normalfall und die Routine der Grenzfall ist. Bereits die Tatsache, daß mit jeder Äußerung Optionen eröffnet werden, unter denen eine Auswahl getroffen werden muß, verweist darauf. Diese Optionen werden im Sinne eines rekursiven Algorithmus durch Regeln objektiv erzeugt. Ein Vergleich von kulturloser Natur und Kultur vermag hier weitere Aufklärung zu verschaffen. Denn: »Unter der Bedingung der Kultur – und das heißt hier wesentlich: unter der Bedingung der durch sprachliche Bedeutungskonstitution grundsätzlich ermöglichten Konstruktion einer vom Hier und Jetzt der konkreten, wahrnehmbaren Handlungsbedingungen, der Handlungswirklichkeit also, kategorial differenten hypothetischen Welt von Möglichkeiten – jedoch fallen die determinierenden naturhaften und insofern kausalen und systemischen Handlungsbedingungen einerseits und die sinnstrukturiert möglichen Handlungsverläufe andererseits auseinander. Eine offene Zukunft von Handlungsmöglichkeiten und -spielräumen ist als Katalog von Alternanten antezipierbar, so daß zwischen ihnen eine Entscheidung getroffen werden muß ...«[7] Es läßt sich methodisch zeigen, daß an jeder Sequenzstelle lebenspraktischen Handelns eine potentielle Krisensituation vorliegt. Die Krise ist aus der wissenschaftlich distanzierten Perspektive demzufolge als der Normalfall der Praxis anzusehen und die Routine als ihr Grenzfall. Für die Lebenspraxis sieht dies anders aus: Für sie ist die Krise der Grenzfall und die Routine der Normalfall, denn sie muß eine Krise, die ihr zu Bewußtsein kommt, sofort zu lösen versuchen und sich in Routinehandeln einrichten, um überleben zu können. Würde man dieser lebenspraktischen Perspektive in der Wissenschaft (hier der Sozialisationstheorie) folgen, so würde man über eine Paraphrase der schon bewährten Routinen

6 Oevermann, »Sozialisation als Prozeß der Krisenbewältigung«, S. 159.

7 Oevermann, »Der professionalisierungstheoretische Ansatz des Teilprojekts ›Struktur und Genese professionalisierter Praxis als Ortes der stellvertretenden Krisenbewältigung‹«, S. 27 f.

nicht hinaus gelangen. Konstitutionslogisch betrachtet ist die Routine schon deshalb Grenzfall und nicht Normalfall, weil sie nicht als Routine auf die Welt gekommen ist, sondern aus einer Krisenlösung – die sich bewährt hat – hervorgegangen ist. Die Routine ist eine materiale Ableitung aus der Krise. Daß die Kategorien Lebenspraxis, Krise und Routine Grundbegriffe einer strukturalen Sozialisationstheorie sind, läßt sich dreifach begründen: naturgeschichtlich (1), ontogenetisch (2) und erkenntnistheoretisch (3).

(1) Der Übergang von der Natur zur Kultur vollzieht sich im Modus von Krisen und deren Bewältigung. Die Substitution der Biogrammatik durch eine Soziogrammatik (Sprache, Regeln, Sinn) und die Einrichtung des Inzesttabus mit seinen Implikationen sind krisenhafte Prozesse. Die Bewältigung dieser Krisen ist Voraussetzung von Geschichte im Gegensatz zu Naturgeschichte.

(2) Die Bedeutung der Kategorien Lebenspraxis, Krise und Routine im Bezugsrahmen der humanen Ontogenese wird sofort evident, wenn man bedenkt, daß der Sozialisationsprozeß wesentlich durch vier zentrale Ablösungskrisen gekennzeichnet ist. Der Heranwachsende muß diese Ablösungkrisen bewältigen, um sozial und autonom handlungsfähig zu werden. Es sind also nicht Routinen, sondern Krisen als Ablösungskrisen, auf die die Sozialisationstheorie primär ihr Erkenntnisinteresse richten muß. Die vier großen Ablösungskrisen, die universelle ontogenetische Krisen darstellen, sind: (1.) die Geburt als Krise der Ablösung von der biologischen Symbiose in der Schwangerschaft; (2.) die Ablösung von der Mutter-Kind-Symbiose; (3.) die Ablösung von der ödipalen Triade und der Eintritt in die Latenzphase sowie die Vergemeinschaftung der peer group; (4.) die Ablösung von der Herkunftsfamilie in der Adoleszenzkrise und der Eintritt ins Erwachsenenalter.[8] Dabei spielt die Krise der ödipalen Triade eine zentrale Rolle. In ihrer Strukturlogik und -dynamik erweist sie sich als äußerst komplex. Sie macht gleichsam den »Strukturkern der Familie als sozialisatorischer Praxis« aus.[9] Gleichwohl ist die ödipale Triade einzubetten in die ödipale Heptade, um die Sozialisation eines Subjekts nachzeichnen zu können. Erst die ödipale Triade, die sich aus sieben Positionen (Ego, Vater, Mutter, vier Großeltern), drei Generationen und drei ödipalen Triaden zusammensetzt, kann als vollgültiges Sozialisationsmodell gelten.

8 Siehe dazu Oevermann, »Die Soziologie der Generationenbeziehungen und der historischen Generationen aus strukturalistischer Sicht ...«, S. 105 ff.; ders., »Sozialisation als Prozeß der Krisenlösung ...«.

9 Oevermann, »Die Soziologie der Generationenbeziehungen und der historischen Generationen aus strukturalistischer Sicht ...«, S. 84.

(3) Neue Erfahrungen zu machen gehört zu den Grundlagen der Sozialisation des Subjekts. Die Konstitution von Erfahrung und Erkenntnis aber vollzieht sich nicht im gewohnheitsmäßigen, routinehaften Handeln, sondern ist zwingend an die Krise in der Lebenspraxis und deren Bewältigung gebunden.[10]

4. Subjektivität – Autonomie – Identität

Erst auf der Basis des Modells von Krise und Routine in der Lebenspraxis ist unserer Architektonik zufolge die Bestimmung der Kategorien Subjektivität, Autonomie und Identität vorzunehmen. Dabei ist von der Prämisse auszugehen, daß die für die humanspezifische Form der Sozialität konstitutiven bedeutungserzeugenden Regeln wohlgeformte Möglichkeiten eröffnen, unter denen eine Auswahl getroffen werden muß, damit sich Subjektivität, Autonomie und in deren Folge Identität konstituieren können.

Um diesen Sachverhalt zu verdeutlichen, differenzieren wir wiederum zwischen dem Erzeugungsparameter *(Parameter I)* und dem Auswahlparameter *(Parameter II)*. Dabei sind unter dem Aspekt unserer Problemkonstellation vier Ebenen zu unterscheiden:

Ebene 1 mit Parameter 1 (Regelgeleitete Sozialität)
Damit ist die Menge aller Regeln, die rekursiv algorithmisch wohlgeformte Möglichkeiten eröffnen, gemeint. Diese Ebene tritt erst mit der humanspezifischen Form der Sozialität als einer regelgeleiteten in Erscheinung. Sie eröffnet gleichsam Geschichte als Gattungs- und Lebensgeschichte im Unterschied zur Naturgeschichte.

Ebene 2 mit Parameter 11 (Subjektivität und ihre Differenzierung in zwei Phasen)
Auf dieser Ebene geht es um die Konstitution von Subjektivität. Dabei empfiehlt es sich, um der ganzen Breite und Tiefe der Subjektivität gerecht zu werden, zwischen zwei Phasen zu differenzieren. Die erste Phase bezeichnet die Phase der Subjektivität, die mit der Krisenerfahrung und Wahrnehmung, der neuronalen Informationsverarbeitung sowie dem kreativen Entwerfen von Neuem beginnt und erst im Anschluß daran sprachliche Prädizierungen erfährt. Die zweite Phase betrifft die Entscheidung bzw. die Auswahl, die die jeweilige Handlungsinstanz aus den auf der Ebene 1 mit Parameter 1 eröffne-

10 Siehe Wagner, *Objektive Hermeneutik und Bildung des Subjekts,* S. 133-208.

ten Handlungsmöglichkeiten vornimmt. Beide Phasen bedürfen einer extensiven Behandlung.

Ebene 3 als Resultat der Selektionen (Objektive Identität)
Erst auf dieser Ebene zeichnet sich durch die Auswahl aus den nach Regeln eröffneten Optionen die Charakteristik einer Fallstruktur – die Identität – ab. Wir sprechen hier von einer objektiven Identität oder objektiven Fallstrukturgesetzlichkeit.

Ebene 4 (Subjektive Identität, Selbstbild)
Diese Ebene bezeichnet das bewußtseinsfähige Selbstbild eines je konkreten Falles, dessen subjektive Identität. Subjektive Identität konstituiert sich in dem Maße, in dem das Subjekt die von ihm in die Welt gesetzten Handlungsexemplare auch begreift. Es geht hier darum, in welchem Maß das Individuum »zu sich selbst kommt und die begründbare Gestalt eines Selbstbildes, einer biographischen Organisation, einer rekonstruierten, verfügten Lebensgeschichte annimmt«.[11]

Gehen wir noch einmal auf die für die Sozialisation wichtige Ebene, die die Subjektivität und Autonomie betrifft, zurück. Subjektivität muß im Rahmen einer strukturalen Sozialisationstheorie positiv bestimmt werden. Es ist unzureichend – wie etwa im Paradigma der deutschen Bewußtseinsphilosophie – Subjektivität nur negativ »als letztbegründende Reflexionstätigkeit residual durch Differenz zum anderen der Objektivität« zu bestimmen.[12] Ihre Charakteristika des Gegenwärtigen, Unmittelbaren, Eigenständigen und Nicht-auf-Anderes-Reduzierbaren müssen offengelegt werden. Dabei gilt: Subjektivität ist nicht »innerhalb der Reflexion auf sich selbst, sondern nur als funktionales Moment innerhalb der objektiven Gegebenheit sinnstrukturierten Handelns« zu gewinnen«.[13] Das heißt: Es ist von der Krise im Handeln auszugehen, denn nur in dieser tritt Subjektivität als Subjektivität, als Nicht-Identisches, Besonderes und Einzigartiges manifest in Erscheinung. Erst die Differenzierung des krisenhaften Handlungsaktes in Phasen gestattet es uns, einen positiven und nicht bloß einen negativen Begriff von Subjektivität zu gewinnen.Wichtig ist dabei die analytische Unterscheidung der Phase der Unmittelbarkeit, in der das Subjektive und Psychische zu verorten

11 Oevermann, »Die objektive Hermeneutik als unverzichtbare methodologische Grundlage für die Analyse von Subjektivität«, S. 184.

12 Oevermann, *Strukturprobleme supervisorischer Praxis*, S. 37.

13 Oevermann, »Genetischer Strukturalismus ...«, S. 310.

sind, von der Phase, in der sprachliche Prädizierungen stattfinden. Erst vor diesem Hintergrund läßt sich dann die Dialektik von Unmittelbarkeit und Vermittlung erfassen. Was sind nun Unmittelbarkeitserfahrungen? Dazu gehören die Erfahrung des Problems selbst, die kreativ-spontane Produktion von Neuem und der praktische Handlungsvollzug. Dabei wird sofort klar, daß diese unmittelbaren Erfahrungen nur angemessen nachgezeichnet werden können, wenn auf Resultate der modernen Neurowissenschaften rekurriert wird. Schon die Rekonstruktion des Wahrnehmungsprozesses und der ersten entscheidenden Stadien der kreativen Produktion von Neuem im Kontext der unbewußten neuronalen Generierung von Hypothesen im Gehirn ist ohne Rückgriff auf die moderne Hirnforschung gar nicht möglich.[14]

Ein empirisch gesättigter Begriff von Autonomie läßt sich erst von der Handlungskrise und ihren Struktureigenschaften her gewinnen. Auch Autonomie hat zur unabdingbaren Voraussetzung die mit dem Übergang von der Natur zur Kultur emergierte regelgeleitete Sozialität. Nur aus der materialen evolutionstheoretischen Perspektive und nicht aus einer verkürzten gesellschaftstheoretischen und ontogenetischen Sichtweise, die dazu tendiert, Regeln kategorial falsch mit Zwängen gleichzusetzen, läßt sich erkennen, daß mit der Konstitution von universalen Regeln erst die vorkulturale Biogrammatik überwunden und durch eine Soziogrammatik als einer regelgeleiteten Sozialität ersetzt und damit das Reich von Freiheit und Autonomie – gleichwohl immer in Grenzen – eröffnet wird. Autonomie konstituiert sich dann durch eigene Entscheidungen und deren Begründung, kurz: in der widersprüchlichen Einheit von Entscheidungszwang und Begründungsverpflichtung.

Subjektivität und Identität sind nicht gleichzusetzen. Gerade die Ineinssetzung beider führt dazu, Subjektivität in ihrer Besonderheit, Nicht-Identität und Unreduzierbarkeit reduktionistisch zu behandeln. Subjektivität ist Unmittelbarkeit, die gleichwohl nur im Medium eines Vermittelten existieren kann. Dies bedeutet, von dem phasenhaften Aufbau des Handlungsaktes her betrachtet, daß sie von zwei Seiten von Begriffen des Allgemeinen umschlossen wird, und zwar vom Vergangenen, Determinierten einerseits und von der Rekonstruktion des Neuen andererseits. Sobald ein Handlungsproblem auftaucht, wird – idealtypisch betrachtet und auf das je konkrete

14 Siehe dazu Singer, »Neurobiologische Anmerkungen zum Konstruktivismus-Diskurs«; Wagner, *Objektive Hermeneutik und Bildung des Subjekts*, S. 180-186; ders., »Thesen zu einer zukünftigen Sozialisationstheorie«.

Problem bezogen – die alte Identität brüchig; sie gerät in die Phase der Desintegration. Während die nicht in die Krise geratenen Bestandteile der alten Identität mitsamt den epistemischen Gattungsausstattungen als Bedingungen zur Lösung des Problems bereitstehen, tritt Subjektivität auf den Plan mit dem Ziel, neue Möglichkeiten zu entwerfen, die der Beendigung des unterbrochenen Handlungsablaufes dienen. Subjektivität ist hier zuständig für die kreative Schaffung des Neuen und für den praktischen Handlungsvollzug. Sie ist als Unmittelbarkeit zu bestimmen, die Vermittlungen im Medium von Begriffen des Allgemeinen zwar vor sich und hinter sich hat, die aber gleichwohl Autonomie und Eigenständigkeit besitzt. Das Verhältnis von Subjektivität und Identität läßt sich dann in einer ersten Annäherung wie folgt bestimmen: Subjektivität ist als eigenständige Phase zwischen alter und neuer Identität (Fallstrukturierungsgesetzlichkeit) anzusiedeln. Identität ist demgegenüber das Umfassende, relativ Stabile, in dem Subjektivität letztlich nur existieren kann; sie ist vermittelte Unmittelbarkeit.

5. Bewährung

Der Begriff der Bewährung gehört zu den unverzichtbaren Grundbegriffen einer strukturalen Sozialisationstheorie. Er ist konstitutiver Bestandteil des Modells von Krise und Routine in der Lebenspraxis. Bereits aus unserer Bestimmung der Lebenspraxis als einer widersprüchlichen Einheit von Entscheidungszwang und Begründungsverpflichtung ergibt sich die Notwendigkeit, daß sich jede Entscheidung im Nachhinein in der Praxis bewähren muß. Der nicht aufzuhebende logische Widerspruch zwischen Begründung und Entscheidung erzeugt eine nicht stillstellbare Bewährungsdynamik. Beziehen wir diesen grundlegenden Sachverhalt nun auf den Gegenstand der Sozialisation, so können wir sagen: Subjektivität, Autonomie und Identität konstituieren sich nur in Krisenkonstellationen, und es ist nicht im Vorhinein ausgemacht, ob sie gelingen oder scheitern. Das im Krisenbewältigungsprozeß erst hergestellte und emergierende Neue muß sich in der Praxis bewähren; es muß sich einem materialen Bewährungsprozeß stellen. Bewährt es sich, so ist von einem Gelingen, bewährt es sich nicht, so ist von einem Scheitern zu reden. Am Beispiel des Identitätsformationsprozesses des Subjekts läßt sich dies verdeutlichen. Gelingt die Transformation des im Krisenprozeß emergierenden Neuen in Determination, so haben wir es mit einer Erfahrungs- und Identitätserweiterung zu tun. Gelingt die Transformation aus irgendwelchen Gründen (z. B. Verdrängung) nicht, so kann man von einem Bruch im Identitätsformationsprozeß des Subjekts, dem Mißlingen der Integration des Neuen ins Alte reden. Diese Grundtatsache hat nun zur Folge, daß die den Bildungsprozeß des Subjekts charakterisierenden Grundbegriffe der Subjektivität, Autonomie und Identität zugleich einen analytischen und einen normativen Status haben. Dabei bezieht sich der analytische Status auf ein strukturelles Problem, das jede Lebenspraxis zu bewältigen hat, und der normative Status auf »den Grad, in dem die Bewältigung dieses Problems je lebens- bzw. fallgeschichtlich gelungen ist«.[15] Die Kategorie der Bewährung einschließlich ihrer Implikationen des Gelingens und Scheiterns, des Analytischen und des Normativen ergibt sich aus der Strukturlogik von Krise und Routine in der Lebenspraxis.

Nun findet die Kategorie der Bewährung nicht nur in diesem engen, sondern auch in einem weiten Sinne Verwendung. Denn aus der Positionalität der Lebenspraxis und aus der Möglichkeit der Selbstreflexivität ergeben sich die folgenden drei mit der Sozialisation eng verbundenen Sinnfragen: »Woher komme ich?«; »Wer bin ich?«; »Wohin gehe ich?«. Diese Fragen sind nun nicht mehr im Rahmen einer Erfahrungswissenschaft zu beantworten. Es handelt sich um letzte Sinnfragen, auf die die Wissenschaft, deren Ergebnisse immer intersubjektiv überprüfbar und falsifizierbar sein müssen, letztlich keine Antwort geben kann. Diese dreifaltige Frage, die sich potentiell an jeder Sequenzstelle des Lebens stellt, muß durch den Herkunfts- und Bewährungsmythos beantwortet werden. Die Annahme, wissenschaftliche Theorien – auch solche der Evolution und Naturgeschichte – könnten auf diese Fragen über die letzten Dinge des Lebens eine Antwort geben, ließe diese selbst zu Mythen werden, wie bereits Horkheimer und Adorno in ihrer *Dialektik der Aufklärung* gezeigt haben.[16] Oevermann begründet die Entstehung der drei Fragen mit der evolutiv erstmals gegebenen Möglichkeit der Antizipation des Todes auf der Ebene der Gattung Mensch. »Wir können also sagen, daß spätestens mit der Antezipation des eigenen Todes die Dreiteiligkeit der Fragen nach dem Woher unserer Herkunft und dem Wohin unserer Zukunft aufgeworfen ist, aus der sich zwingend die Frage nach dem Diesseits, nämlich danach, wer wir überhaupt sind, ergibt. Es sind dies die drei Fragen, die jeder Mythos auf die eine oder andere Weise zu beantworten hat. Mythen sind also Gebilde, für die die Dialektik von Universalität und Historizität konstitutiv ist. Ihre

15 Oevermann, »Bewährungsdynamik und Jenseitskonzepte«, Manuskript, S. 21.

16 Horkheimer/Adorno, *Dialektik der Aufklärung*, Frankfurt am Main 1975.

universale Funktion ist es, für jedes konkrete Diesseits, also jede Lebenspraxis, diese Fragen beantworten zu müssen. Sie erfüllen diese Funktion nur, wenn ihre Antwort inhaltlich auch je konkret für jede Lebenspraxis unverwechselbar ausfällt und eine besondere ist, eben eine Genealogie genau dieses singulären Diesseits hergibt.«[17] Abzuleiten sind die Mythen aus der humanspezifischen Lebenspraxis. »Die Ableitung der Mythen ist also eine dreistufige: Auf der ersten Stufe ist die Unmittelbarkeit der Krise gegeben, in der sich die Subjektivität der Lebenspraxis in ihrem ›Hier und Jetzt‹ als Diesseitigkeit erfährt, auf der zweiten Stufe die Einordnung dieser krisenhaften Konstellation in eine lösende Bestimmung, also die Grenzziehung zwischen dem Diesseits und dem Jenseits einschließlich der Beantwortung der Fragen nach dem Woher, Wozu und Wohin und auf einer dritten Stufe schließlich die rekonstruktive Einbeziehung und Bestimmung des unmittelbar gegebenen Diesseits der ersten Stufe in eine(r) Identitätsbestimmung.«[18]

Die Antizipation des Todes mit ihren Fragen des Woher und Wohin ist eine Bedingung der Nicht-Stillstellbarkeit der Bewährungsdynamik im menschlichen Leben. Eine zukünftige, interdisziplinär angelegte Sozialisationstheorie müßte sich auch diesen Fragen der Bewährungsdynamik in einem weiten Sinne öffnen.

6. Gemeinschaft und Gesellschaft

In der Theoriearchitektonik unserer Grundbegriffe geht Sozialität der Gemeinschaft und diese der Gesellschaft voraus. Während Sozialität in ihrer humanspezifischen Form als zweckfrei sich reproduzierende Reziprozität Kultur erst in Gang setzt und Gemeinschaft erst stiftet, entwickelt sich Gesellschaft aus Gemeinschaft. Es gilt also das folgende Fundierungsverhältnis: Gesellschaft ist in Gemeinschaft fundiert und nicht Gemeinschaft in Gesellschaft. Gesellschaft ist gleichsam eine Realabstraktion von Gemeinschaft. Die Kategorie der Gemeinschaft ist unabdingbar, weil sich mit ihr »die Fundierungsverhältnisse der gesellschaftlichen Zusammenhänge in der Strukturierungsebene der nicht-kontraktuellen Elemente des vertraglichen Handelns [Durkheim] analytisch trennscharf« fassen lassen.[19]

17 Oevermann, »Bewährungsdynamik und Jenseitskonzepte«, Manuskript, S. 34 f.

18 Ebd. S. 35.

19 Oevermann, »Überlegungen zur Integration und Synthesis der begrifflichen und methodischen Instrumentarien«, S. 39.

Der Entwurf einer »Theorie der Gesellschaft« setzt begriffslogisch die Analyse der Begriffe von Gemeinschaft und Vergemeinschaftung voraus. Denn: »Ganz offensichtlich müssen wir sie auf zwei ganz unterschiedlichen Strukturierungsebenen verwenden, für die zugleich eine historische Differenz ins Feld zu führen ist. Zum einen liegt Gemeinschaftlichkeit, analog zu dem, was bei Hegel Sittlichkeit als Substanz bedeutete, in der Typik kleiner überschaubarer Vergemeinschaftungen als Familie, Verwandtschaft, Stammesverband oder traditionale Gemeinde vor. Diese Gemeinschaften sind durch eine hohe Wahrscheinlichkeit persönlicher wechselseitiger Kenntnis geprägt. Zum anderen müssen wir ein funktionales Äquivalent dieser Gemeinschaftlichkeit auch für größere, durch Vergesellschaftung intern ausdifferenzierte Sozialgebilde als Basis von deren Sittlichkeit denken, das diesen größeren, zugleich modernisierten Gesellschaften eine legitimatorische Ordnung, vor allem eine Rechtsförmigkeit und Rechtsstaatlichkeit sichert.«[20] Gerade an den traditionalen Vergemeinschaftungsformen lassen sich die objektiven Struktureigenschaften von Gemeinschaft ablesen. Die Beziehungen in diesen Gemeinschaften sind Beziehungen zwischen ganzen Menschen und nicht wie in der Gesellschaft Rollenbeziehungen. Paradigmatisch für diffuse Sozialbeziehungen stehen Gattenbeziehungen und Eltern-Kind-Beziehungen. »Prototypen der Sozialbeziehungen zwischen ganzen Menschen, soziologisch ausgedrückt: von diffusen Sozialbeziehungen, in denen die Beweislast derjenige trägt, der ein Thema aus der Totalität möglicher Themen aussparen will, sind Gattenbeziehungen und Eltern-Kind-Beziehungen, also die beiden Typen von Dyaden, aus denen sich die ödipale Triade und die Struktur der Kernfamilie zusammensetzen. Von da leiten sich alle anderen Ausformungen von Beziehungen zwischen ganzen Menschen ab...«[21]

Es ist ein Fehler, die Formen der Vergemeinschaftung mit den sie kennzeichnenden diffusen Sozialbeziehungen einfach in die Vergangenheit abzuschieben. Die der Gemeinschaft immanente Form der diffusen Sozialbeziehung ist nicht ersetzbar, wenn es um die Herausbildung eines handlungsfähigen Subjekts geht. Dies dürfte evident werden, wenn wir den diffusen Sozialbeziehungen in Gemeinschaften die spezifischen Sozialbeziehungen auf der abgeleiteten Ebene der Gesellschaft gegenüberstellen. Die diffusen Sozialbeziehungen, als deren Prototyp die Gatten- und Eltern-Kind-Beziehung gelten, setzen sich aus vier Strukturkomponenten zusammen:

20 Ebd., S. 40f.
21 Ebd., S. 41.

(1) *Körperbasis* – Für diese Beziehungsformen ist die Anerkennung der Körperbasis unabdingbar. Für die Gattenbeziehung ist dies evident. Sexualität ist da konstitutiv. Beim Kind bezieht sich die Körperbasis auf die Pflegebedürftigkeit und emotionale Zuwendung.

(2) *Spezifische Form der Vertrauensbildung* – Es handelt sich um eine nicht formell geregelte Form der offenen Vertrauensbildung. Diese Beziehungen basieren auf einem unbegrenzten Vertrauensvorschuß. Sobald man anfängt, Vertrauen in diesen Beziehungen an Kriterien zu binden, ist ein Mißtrauen bereits installiert.

(3) *Prinzipielle Unkündbarkeit* – Beziehungen dieses Typs können nicht mit der Voreinstellung einer Ablauffrist eingegangen werden.

(4) *Generalisierte Affektbindung* – Die affektive Bindung bedeutet, daß diese Beziehungen affektiv stark belastbar sind, d.h. auch in Krisen aufrechterhalten werden.

Die vier Strukturkomponenten koinzidieren in dem allgemeinen Prinzip diffuser Sozialbeziehungen als dem der Nicht-Substituierbarkeit des Personals. Diese Beziehungen sind Beziehungen zwischen ganzen Menschen. In ihnen ist prinzipiell alles thematisierbar.

Diesem Beziehungstyp stehen die spezifischen Sozialbeziehungen auf der Ebene der Gesellschaft gegenüber. In spezifischen Sozialbeziehungen begegnen sich Menschen als Rollenträger. In diesen Beziehungen »trägt derjenige die Beweislast, der in einer konkreten Situation ein Thema hinzufügen will, das nicht in den Definitionen von Rollen spezifiziert ist, in deren Namen man in dieser Situation mit anderen handelt«.[22] Spezifischen Sozialbeziehungen fehlen eindeutig die vier Strukturkomponenten, die die diffusen Sozialbeziehungen ausmachen. Beide Beziehungstypen lassen sich von ihren objektiven Struktureigenschaften her klar voneinander trennen. Der Unterschied zwischen Gemeinschaft als diffuser Sozialbeziehung und der Gesellschaft als spezifischer Sozialbeziehung läßt sich wie folgt komprimiert festhalten: »Diffuse Sozialbeziehungen konstituieren Gemeinschaften als Kollektive von ganzen Menschen und spezifische Sozialbeziehungen bilden Gesellschaft als Kollektive von Rollenträgern, Vertragspartnern und marktvermittelten Tauschpartnern. Der für die Soziologie zentrale Gegensatz von Gemeinschaft und Gesellschaft verbindet sich hier systematisch mit dem zwischen diffusen und spezifischen Sozialbeziehungen ... Die bürgerliche Kernfamilie, die die äußere Erscheinungsform der ödipalen Triade in den entwickelten

22 Oevermann, »Die Generationenbeziehungen ...«, S. 85.

Gesellschaften ist, muß man also ... als eine Vergemeinschaftung von diffusen Sozialbeziehungen betrachten, als ein Gebilde, das zu Systemen von rollenförmigen Beziehungen in schärfstem Gegensatz steht. Die gängige Familiensoziologie, die sich nach wie vor mit dem rollentheoretischen Ansatz der Soziologie begnügt, geht deshalb an dem, was Familie als sozialisatorische Praxis konstituiert, in einem Kategorienfehler vollständig vorbei. Rollentheoretisch läßt sich Familienhandeln nur fassen, wenn es nur noch um Rechte und Pflichten von Unterhaltszahlungen und Besuchsregelungen bei entzogenem Sorgerecht geht.«[23]

Sozialisation im basalen Bezugsrahmen von regelgeleiteter Sozialität ist demzufolge zunächst auf Gemeinschaft bzw. Vergemeinschaftung und erst dann auf Gesellschaft bzw. Vergesellschaftung zu beziehen. Denn Gesellschaft läßt sich aus Gemeinschaft, aber nicht umgekehrt Gemeinschaft aus Gesellschaft ableiten. Insofern setzen sowohl die Marxsche Gesellschaftstheorie als auch die Luhmannsche Systemtheorie auf einer schon abgeleiteten Ebene, nämlich der Abstraktionsebene der Gesellschaft an, die, wenn es um Prozesse der Sozialisation geht, nicht die konstitutionstheoretisch grundlegende ist und auch nicht sein kann.

7. Methodisches Verstehen

Die Sozialisationstheorie hat zu ihrem Gegenstand Objekte der sinnstrukturierten Welt. Insofern benötigt sie – vor allen anderen, insbesondere quantitativen Verfahren, so unabdingbar diese auch immer sein mögen – ein Verfahren der Sinnexegese. Dieses kann sich nicht auf praktisches Verstehen stützen, sondern bedarf eines Verfahrens methodischen Verstehens. Praktisches Verstehen ist kein methodisches Verstehen. Praktisches Verstehen und methodisches Verstehen müssen vielmehr systematisch voneinander unterschieden werden. Denn oftmals finden wir in der Sozialisationsforschung ein bloß praktisches Verstehen der Phänomene der sozialen Welt, das dann mit einer wissenschaftlichen Terminologie versehen wird. Praktisches Verstehen aber gehört der Sphäre der Lebenspraxis selbst und methodischesVerstehen der Sphäre der Wissenschaft an. Es ist also zu differenzieren zwischen »einem praktischen Verstehen, ohne das das praktische Leben nicht vorstellbar wäre und das sich tatsächlich introspektiv und in der Unterstellung der Nachvollziehbarkeit

23 Ebd., S. 85 f.

des Fremdpsychischen vollziehen muß, einerseits und einem methodischen Verstehen andererseits, das sich in der Logik der Objektivität der Geltungsüberprüfung auf die Rekonstruktion des objektiven Sinns von Ausdrucksgestalten außerhalb des Zeitdrucks von praktischem Verstehen richtet.«[24] Daher ist eine Methode gefordert, die es ermöglicht, die objektiven Sinnstrukturen sozialen Handelns und sozialisatorischer Interaktionen zu dechiffrieren. Ein methodisches Verstehen, das sich bloß auf die Rekonstruktion des subjektiv gemeinten Sinns sozialisatorischer Interaktionen richtet, reicht für die Erschließung von Prozessen der Sozialisation nicht aus. Es würde letztlich nicht über die Paraphrase des subjektiv Intendierten bzw. mental Repräsentierten und damit des an der Erscheinungsoberfläche Gegebenen hinausgelangen und wäre nicht in der Lage, die in den sozialisatorischen Interaktionen emergierenden objektiv latenten Sinnstrukturen zu dechiffrieren. Damit ist es dann aber auch nicht mehr möglich, die in den zentralen ontogenetischen Ablösungskrisen entstehenden neuen – entscheidende Strukturtransformationen auf seiten des sich bildenden Subjekts nach sich ziehenden – Erfahrungen zu erfassen. Aber auch Verfahren der rekonstruktiven Sozialforschung, die vorgeben, Strukturerschließungen vorzunehmen, weisen oftmals erhebliche Defizite in epistemologischer, methodologischer und methodischer Hinsicht auf. Eine Differenzierung von Strukturen unterschiedlicher Geltungsreichweite sucht man in diesen oftmals vergebens. Gesucht ist also ein strukturerschließendes Verfahren.

Ein solches Verfahren ist die objektive Hermeneutik, die im Kontext eines sozialisationstheoretischen Projekts über »Elternhaus und Schule« am Berliner Max-Planck-Institut für Bildungsforschung unter der Leitung von U. Oevermann, L. Krappmann und K. Kreppner entstand. Entscheidend aber war dann die kontinuierliche erkenntnistheoretische, methodologische und methodische Weiterentwicklung durch U. Oevermann und seine verschiedenen Forschungsgruppen an der Universität Frankfurt am Main. Es kann hier nur auf einige Aspekte dieses Verfahrens hingewiesen werden.[25] Gegenstand der

24 Oevermann, »Das Verhältnis von Theorie und Praxis im theoretischen Denken von Jürgen Habermas«, S. 456.

25 Siehe dazu u. a. die einschlägigen Veröffentlichungen U. Oevermanns. Eine Liste der Veröffentlichungen findet sich in der Festschrift zum 60. Geburtstag Oevermanns: Burkholz/Gärtner/Zehentreiter (Hg.), *Materialität des Geistes. Zur Sache Kultur – im Diskurs mit Ulrich Oevermann*, S. 401-413; ferner: Wagner, *Objektive Hermeneutik und Bildung des Subjekts*; Sutter, *Bildungsprozesse des Subjekts. Eine Rekonstruktion von Ulrich Oevermanns Theorie- und Forschungsprogramm*; Garz/Kraimer (Hg.), *Die Welt als Text.*

Erfahrungswissenschaft der »objektiven Hermeneutik« ist die dritte Welt objektiver Sinnstrukturen. Diese Welt begründet eine Realitätsebene sui generis und ist analytisch von der zweiten Welt des Subjektiven sowie der ersten Welt des Dinglichen zu unterscheiden. Die dritte Welt ist – wie bereits anläßlich der Rekonstruktion des Lévi-Strauss'schen Strukturalismus und der pragmatistisch-naturalistischen Sozialpsychologie und Sozialphilosophie von George Herbert Mead gezeigt – das Resultat interaktiver Emergenz von Sinn auf der evolutiven Ebene der Gattung Mensch. Ihre zentralen Charakteristika sind Sinnstrukturiertheit, Objektivität, Latenz, Selbständigkeit, generative Regelgeleitetheit, Zeit- und Raumlosigkeit, Erfahrbarkeit und intersubjektive Überprüfbarkeit.

Latente Sinnstrukturen sind konstitutiv für die Lebenspraxis in ihrer Gesamtheit, und sie stehen im Zentrum der konstitutionstheoretischen Begründung der Epistemologie und Methodologie der objektiven Hermeneutik. »Es wird mit diesem Begriff jene objektive Sinnstrukturiertheit getroffen, die zugleich auf der einen Seite für alle im Ensemble der Sozial-, Kultur- und Geisteswissenschaften relevanten Gegenstände und auf der anderen Seite für die Lebenspraxis als solche überhaupt konstitutiv ist, die epistemologisch gesehen als Bedingung der Möglichkeit jeglicher Erkenntnis zugrunde liegt und doch – im Unterschied zur klassischen transzendentallogischen Betrachtung – für jenes Ensemble von Erfahrungswissenschaften gleichzeitig zentraler empirischer Gegenstand ist. Deshalb ist dieser Begriff einerseits auf die konstitutionstheoretisch zu begründende spezifische Methodologie der Erfahrungswissenschaften von der sinnstrukturierten Welt beschränkt, ohne spezifische Gegenstände darin zu thematisieren, andererseits aber von zentraler Bedeutung, insofern er allererst die möglichen Gegenstände der Erkenntnisse dieser Wissenschaften so auf analytische Distanz bringt, daß sie über eine bloße Beschreibung hinausgehend auf ihre inneren Gesetzmäßigkeiten hin erschließbar werden.«[26]

Objektive Hermeneutik ist nicht nur epistemologisch, methodologisch und methodisch das wohl fundierteste und praktisch bewährteste Verfahren rekonstruktiver Sozialforschung, sondern sie überwindet auch, und dies ist für eine zukünftige Sozialisationstheorie von nicht geringer Bedeutung, den traditionellen – noch auf den Neukantianismus zurückgehenden und vor dem Hintergrund der Kompetenztheorien des Geistes zu überwindenden und nicht weiter

26 Oevermann, »Die Struktur sozialer Deutungsmuster. Versuch einer Aktualisierung«, Manuskript, S. 6 f.

zu reproduzierenden – Gegensatz von Erklären und Verstehen. Denn: »Eine Rekonstruktion, die sich auf den objektiven Sinn von Ausdrucksgestalten richtet, hat jedoch mit dem Übergang vom Verstehen zum Erklären keine Probleme, weil sie mit der Rekonstruktion der latenten Sinnstruktur einer Ausdrucksgestalt zugleich die Struktur, das ›innere Gesetz‹ gewissermaßen des konkreten Falles entziffert hat ... Auf diese Weise gelangt man zwingend zu einem Gesetzesbegriff, der nun nicht mehr auf die Artikulation extern konkrete Fälle von Lebenspraxis determinierenden Gesetzmäßigkeiten nach dem Vorbild von Gesetzmäßigkeiten der Naturwissenschaften beschränkt ist, sondern vor allem auch die Gesetzmäßigkeiten zu erfassen in der Lage ist, die als immanente, die Fallstruktur in ihrer Individuiertheit bestimmende Bildungs- und Lebensgesetze zu gelten haben und selbst dann noch allgemein sind, wenn sie umfangslogisch tatsächlich empirisch nur in einem einzigen Falle je bisher nachgewiesen sein sollten.«[27] Es sind dies Fallstrukturgesetze, die das Ergebnis von Sozialisations- bzw. Bildungsprozessen von je konkreten Handlungsinstanzen bzw. Lebenspraxen sind. Für die strukturale Sozialisationstheorie bedeutet diese Überwindung des Gegensatzes von Erklären und Verstehen, daß sie durch die Möglichkeit, selbst Strukturgesetzlichkeiten formulieren zu können, erst den Status einer Wissenschaft erlangt. Dies ist nicht möglich durch bloß historische Beschreibungen von Sozialisationsprozessen.

8. Kritik

Strukturale Sozialisationstheorie kann auf den Begriff der Kritik nicht verzichten, denn im Sozialisationsprozeß ist immer auch zwischen Negativem und Positivem, zwischen falschem und richtigem Bewußtsein zu unterscheiden. Zur Entfaltung eines angemessenen Kritikbegriffs ist zunächst zwischen zwei Formen von Kritik zu differenzieren – zwischen der praktischen Kritik und der methodischen Kritik. Praktische Kritik gehört der Praxis selbst an, erfolgt in der Sphäre lebenspraktischen Handelns. Für sie ist konstitutiv die Kritik »an den je bestehenden Verhältnissen im Namen von Utopien des guten Lebens, einer Kritik also, für die eine Wertbindung konstitutiv ist«.[28] Demgegenüber gehört die Form der methodischen Kritik

27 Oevermann, »Überlegungen zur Integration und Synthesis der begrifflichen und methodischen Instrumentarien der Forschungen ...«, S. 8 f.

28 Oevermann, »Das Verhältnis von Theorie und Praxis im theoretischen Denken von Jürgen Habermas«, S. 456.

nicht der Lebenspraxis selbst an. Sie geht vielmehr zu dieser auf Distanz und ist der Sphäre der Wissenschaft zuzurechnen. Für sie ist konstitutiv Unvoreingenommenheit, Handlungsentlastetheit und methodisches Vorgehen. Sie operiert »nur unter der sozialen Voraussetzung der Praxisentlastetheit in der Einstellung der Autonomie von Wertbindungen ..., in der sie erst in der Lage ist, auch das gedankenexeperimentell in Frage zu stellen, was der Praxis heilig ist«.[29]

Vor dem Hintergrund dieser Differenzierung zwischen praktischer Kritik und methodischer Kritik läßt sich nun die Kritikform der strukturalen Sozialisationstheorie näher bestimmen. Erinnern wir uns dazu an das bereits über die strukturale Methode Gesagte und führen dies weiter aus. Zunächst einmal verfährt methodische Kritik nicht subsumtionslogisch, indem sie gleichsam von außen Begriffe der von ihr zu analysierenden Sache überstülpt und dabei deren Negatives einfach bloß benennt. Sie erschließt demgegenüber zuerst nach Maßgabe ihrer Verfahrensschritte die objektive Strukturgesetzlichkeit, den inneren Zusammenhang eines je konkreten Phänomens und zeigt dabei, daß deren Negatives zugleich immer auch auf ein mögliches Anders-Sein, auf positive Potentiale verweist. In konsequentem Anschluß an Th. W. Adornos Kritikbegriff und durch dessen erfahrungswissenschaftliche Reformulierung verdeutlicht U. Oevermann das Gemeinte wie folgt: »Die dialektisch-strukturanalytische Identifikation dieses falschen Bewußtseins [eines je konkreten sozialen Phänomens] gelingt aber erst mit Bezug auf die rekonstruierte objektive Strukturlogik, auf die es eine motivierte subjektive Reaktion darstellt. Ganz im Sinne von Adorno ist demgegenüber eine häufig in der Soziologie anzutreffende arrogante Anwendung der Kritischen Theorie als bloß subsumtionslogische Meßlatte für die entlarvende Kartographierung von falschem Bewußtsein, aus der die beteiligten Soziologen selbst sich natürlich erkennntisheldenhaft ausschließen, schlicht ›unkritische‹ oder ›kritiklose Kritik‹. Die gültige strukturanalytische Rekonstruktion falschen Bewußtseins enthält zwingend zugleich – und das kennzeichnet sie als dialektische Methode – die Explikation richtigen Bewußtseins als Strukturpotential der analysierten Sache selbst.« Und weiter: »In der dialektischen Strukturanalyse der objektiven Hermeneutik vollziehen sich die Rekonstruktion von falschem und richtigem Bewußtsein in einem. Richtiges Bewußtsein wird nicht etwa subsumtionslogisch, wie das der Sache nach in Habermas' Theorieentwurf erscheint, aus einer positiv auspinselnden kommunikationstheoretischen, ethischen oder philosophischen Konstruktion abgeleitet und in der ›kritischen‹

29 Ebd.

Rekonstruktion empirischer Vorgänge zum Maßstab gemacht, sondern in der Sache selbst als deren durch die generativen Regeln der Erzeugung von Sinnstrukturen latent gehaltenes mögliches Anders-Sein konkret nachprüfbar identifiziert.«[30]

Für die strukturale Sozialisationstheorie ist die immanente Kritikform die einzig angemessene. Sie setzt die Erschließung der objektiven Strukturgesetzlichkeit des je konkreten Phänomens voraus. Erst auf dieser Folie kann sie ihre Kritik entfalten, indem sie Negatives und Positives offenlegt. Insofern verfährt sie nie bloß negativ entlarvend, sondern verweist zugleich dialektisch neben dem Negativen auf die der Sache selbst innewohnenden positiven Potentiale und auf das mögliche Anders-Sein. Damit ermöglicht sie die Initiierung von Korrekturen im Sozialisationsprozeß.

30 Oevermann, »Zur Sache«, S. 254 f.

Schluß

Im Fortgang dieser Studien zur strukturalen Sozialisationstheorie[1] ist das Verhältnis von Krise und Sozialisation auf der Ebene der humanen Ontogenese das zentrale Thema. In diesem Zusammenhang kann dann gezeigt werden, daß Sozialität – über ihre Grundform hinaus – zu bestimmen ist als eine »Relation zwischen Gegenständen, die zu sich Ich sagen bzw. sich ich-sagend äußern und zu einem gattungsgleichen Gegenstand Du sagen können, unter der Bedingung, daß sie dazu dadurch berechtigt sind, daß der Gegenstand, den sie mit Du anreden, genau reziprok ebenfalls zu sich Ich sagen kann und zu ihnen Du«.[2]

1 Wagner, *Krise und Sozialisation. Strukturale Sozialisationstheorie II*, Frankfurt am Main: Humanities Online 2004.

2 Oevermann, »Vorlesungen zur Einführung in die soziologische Sozialisationstheorie«, S. 6.

Literatur

Burkholz, R., Ch. Gärtner und F. Zehentreiter, (Hg.), *Materialität des Geistes. Zur Sache Kultur – im Diskurs mit Ulrich Oevermann*, Weilerswist: Velbrück Wissenschaft 2001.

Chomsky, N., *Aspekte der Syntax-Theorie*, Frankfurt am Main: Suhrkamp 1969. (*Aspects of the Theory of Syntax*, Cambridge, Mass.: MIT Press, 1965.)

– *Sprache und Geist*, Frankfurt am Main: Suhrkamp 1973. (*Language and Mind*, New York: Harcourt Brace & World, Inc., 1968.)

– *Reflexionen über die Sprache*, Frankfurt am Main 1977: Suhrkamp. (*Reflections on Language*, New York: Pantheon Books, 1975.)

– *Regeln und Repräsentationen*, Frankfurt am Main 1981. (*Rules and Representations*, New York: Columbia University Press, 1980.)

Dewey, J.: »The Reflex Arc Concept in Psychology«, in: *The Psychological Review* 3, 1896, S. 357-370.

Florey, E. und O. Breidbach, *Das Gehirn – Organ der Seele? Zur Ideengeschichte der Neurobiologie*, Berlin 1933.

Gallese, V. und A. Goldman (1998), »Mirror neurons and the simulation theory of mind-reading«, in: *Trends in Cognitive Sciences* 2: 493-501.

Garz, D. und K. Kraimer (Hg.), *Die Welt als Text*, Frankfurt am Main: Suhrkamp 1994.

Gazzinaga, M. S. (Hg.), *The new cognitive neurosciences*, Cambridge/Mass. 2000.

Geulen, D.: »Ungelöste Probleme im sozialisationstheoretischen Diskurs«, in: D. Geulen, und H. Veith, (Hg.): *Sozialisationstheorie interdisziplinär. Aktuelle Perspektiven*, Stuttgart: Lucius & Lucius, 2004 (Der Mensch als soziales und personales Wesen, Bd. 20), S. 3-20.

Habermas, J., *Theorie des kommunikativen Handelns*, 2 Bände, Frankfurt am Main: Suhrkamp 1981.

– und N. Luhmann, *Theorie der Gesellschaft oder Sozialtechnologie – Was leistet die Systemforschung?*, Frankfurt am Main: Suhrkamp 1971.

Horkheimer M. und Th. W. Adorno, *Dialektik der Aufklärung*, Frankfurt am Main: Fischer 1975.

Kandel, E. P., J. H. Schwartz und Th. M. Jessell, *Neurowissenchaften. Eine Einführung*, Heidelberg 1996.

Krappmann, L., »Typisches im Individuellen. Berichte über Elterninterviews im Sozialisationsprojekt des Max-Planck-Instituts für Bildungsforschung«, unveröffentlichtes Manuskript, Berlin 1976, 144 S.

Levi-Strauss, Cl., *Die elementaren Strukturen der Verwandtschaft*, Frankfurt am Main: Suhrkamp 1980. (*Les structures élémentaire de la parenté*, Den Haag 1967.)

– *Strukturale Anthropologie I*, Frankfurt am Main 1976. (*Anthropologie structurale*, Paris 1958.)

– *Strukturale Anthropologie II*. Frankfurt am Main 1975. (*Anthropologie structurale deux*, Paris 1973.)

– *Mythologica I. Das Rohe und das Gekochte,* Frankfurt am Main: Suhrkamp 1970. (*Mythologiques I. Le cru et le cuit,* Paris 1964.)
– *Mythologica II. Vom Honig zur Asche,* Frankfurt am Main: Suhrkamp 1972. (*Mythologica II. Du miel aux cendres,* Paris 1966.)
– *Mythologica III. Der Ursprung der Tischsitten,* Frankfurt am Main: Suhrkamp 1973. (*L'origine des manières de table,* Paris 1968.)
– *Mythologica IV. Der nackte Mensch.,* Frankfurt am Main: Suhrkamp 1974. (*L'homme nu,* Paris 1971.)
– *Traurige Tropen,* Köln 1960. (*Tristes tropiques,* Paris 1955)
– *Das wilde Denken,* Frankfurt am Main 1968. (Original: *La pensée sauvage,* Paris 1962.)

Lorenz, K., »Kants Lehre vom Apriorischen im Lichte der gegenwärtigen Biologie«, in: *Blätter für Deutsche Philosophie* 15, 1941.

Mauss, M: *Die Gabe.* Frankfurt am Main: Suhrkamp 1968.

Mead, G. H., *Mind, Self, and Society,* hg. von Ch. W. Morris, La Salle, Ill. 1932; deutsch: *Geist, Identität und Gesellschaft,* Frankfurt am Main: Suhrkamp 1968.
– *The Philosophy of the Act,* hg. von Ch. W. Morris u. a., Chicago 1938.
– *The Philosophy of the Present,* hg. von A. E. Murphy u. a., Chicago 1932.
– *Selected Writings,* hg. von A. Reck, Indianapolis 1964.
– *On Social Psychology,* hg. von A. Strauss, Chicago 1956.
– *Sozialpsychologie,* hg. von A. Strauss, Neuwied 1969.
– *Philosophie der Sozialität,* hg. von H. Kellner, Frankfurt am Main: Suhrkamp 1969.
– *Gesammelte Aufsätze,* hg. von H. Joas, 2 Bände, Frankfurt am Main: Suhrkamp 1980/1983.

Oevermann, U., Seminare und Vorlesungen zum Struktualismus von Claude Lévi-Strauss am Fachbereich Gesellschaftswissenschaften der Johann Wolfgang Goethe-Universität Frankfurt am Main. Unveröffentlichte Mitschriften und Protokolle aus: »Einführung in die soziologische Theorie mit besonderer Berücksichtigung der Sozialisationstheorie I« (WS 1981/82); »Der Lévi-Strauss'sche Strukturalismus und Probleme seiner Rezeption in den angelsächsischen und deutschsprachigen Sozialwissenschaften I« (WS 1982/83); »Der Lévi-Strauss'sche Strukturalismus I« (WS 1982/83); »Der Lévi-Strauss'sche Strukturalismus II« (SS 1983); »Der Strukturalismus von Lévi-Strauss als Paradigma soziologischer Theoriebildung. Rekonstruktion und Rezeption« (WS 1983/84); »Der Lévi-Strauss'sche Struktualismus III« (SS 1984); »Der Strukturalismus von Claude Lévi-Strauss: Rekonstruktion und Rezeption« (WS 1984/85).
– »Die Architektonik von Kompetenztheorien und ihre Bedeutung für eine Theorie der Bildungsprozesse«, unveröffentlichtes Manuskript, Berlin 1973, 59 S.
– »Programmatische Überlegungen zu einer Theorie der Bildungsprozesse und zur Strategie der Sozialisationsforschung«, in: K. Hurrelmann (Hg.), *Sozialisation und Lebenslauf,* Reinbek 1976, S. 34-52.
– mit T. Allert, H. Gripp, E. Konau, J. Krambeck, W. Schröder-Caesar und Y. Schütze, »Beobachtungen zur Struktur der sozialisatorischen Interaktion. Theoretische und methodologische Fragen der Sozialisationsforschung«, in:

M. Auwärter, E. Kirsch und K. Schröter (Hg.), *Seminar: Kommunikation, Interaktion, Identität,* Frankfurt am Main: Suhrkamp 1976, S. 371-403.

– mit T. Allert, E. Konau und J. Krambeck, »Die Methodologie einer objektiven Hermeneutik und ihre allgemeine forschungslogische Bedeutung in den Sozialwissenschaften«, in: H.-G. Soeffner (Hg.), *Interpretative Verfahren in den Sozial- und Textwissenschaften,* Stuttgart 1979, S. 352-434.

– »Sozialisationstheorie. Ansätze zu einer soziologischen Sozialisationstheorie und ihre Konsequenzen für die allgemeine soziologische Analyse«, in: *Kölner Zeitschrift für Soziologie und Sozialpsychologie,* Sonderheft 21: *Deutsche Soziologie seit 1945,* hg. von G. Lüschen, Opladen 1979, S. 143-168.

– »Zur Sache. Die Bedeutung von Adornos methodologischem Selbstverständnis für die Begründung einer materialen soziologischen Strukturanalyse«, in. L. v. Friedeburg und J. Habermas (Hg.), *Adorno-Konferenz 1983,* Frankfurt am Main: Suhrkamp 1983, S. 234-289.

– »Versozialwissenschaftlichung der Identitätsformation und die Verweigerung von Lebenspraxis. Eine aktuelle Variante der Dialektik der Aufklärung«, in: B. Lutz (Hg.), *Soziologie und gesellschaftliche Entwicklung,* Frankfurt am Main: Campus 1985, S. 463-474.

– mit L. Schuster und A. Simm, *Zum Problem der Perseveranz in Delikttyp und modus operandi. Spurentext-Auslegung, Tätertyp-Rekonstruktion und die Strukturlogik kriminalistischer Ermittlungspraxis. Zugleich eine Umformung der Perseveranzhypothese aus soziologisch-strukturanalytischer Sicht,* BKA-Forschungsreihe, Band. 17, Wiesbaden 1985.

– »Kontroversen über sinnverstehende Soziologie. Enige wiederkehrende Probleme und Mißverständnisse in der Rezeption der objektiven Hermeneutik«, in: St. Aufenanger und M. Lenssen (Hg.), *Handlung und Sinnstruktur. Bedeutung und Anwendung der objektiven Hermeneutik,* München 1986, S. 19-83.

– »Vorlesungen zur Professionalisierungstheorie«, unveröffentlichtes Transkript, Frankfurt am Main 1990.

– »Genetischer Strukturalismus und das sozialwissenschaftliche Problem der Erklärung der Entstehung des Neuen«, in: St. Müller-Doohm (Hg.), *Jenseits der Utopie. Theoriekritik der Gegenwart,* Frankfurt am Main 1991, S. 267-336.

– »Die objektive Hermeneutik als unverzichtbare methodologische Grundlage für die Analyse von Subjektivität. Zugleich eine Kritik der Tiefenhermeneutik«, in: Th. Jung und St. Müller-Doohm (Hg.), *Wirklichkeit im Deutungsprozeß. Verstehen und Methoden in den Kultur- und Sozialwissenschaften,* Frankfurt am Main: Suhrkamp 1993, S. 106-189.

– »Krise und Muße. Struktureigenschaften ästhetischer Erfahrung aus soziologischer Sicht« (Vortrag vom 19. 6. 1996 in der Städelschule), unveröffentlichtes Manuskript, Frankfurt am Main 1996, 46 S.

– »Konzeptualisierung von Anwendungsmöglichkeiten und praktischen Arbeitsfeldern der objektiven Hermeneutik. Manifest der objektiv hermeneutischen Sozialforschung«, unveröffentlichtes Manuskript, Frankfurt am Main 1996, 37 S.

– »Vorlesungen zur Einführung in die soziologische Sozialisationstheorie«. Vorlesungen vom SS 1995 und WS 1995/96 am Fachbereich Gesellschaftswissenschaften der Johann Wolfgang Goethe-Universität Frankfurt am Main. Aufgezeichnet, verschriftet und bearbeitet von R. Burkholz, unveröffentlichtes Manuskript. 208 S.

– »Lebenspraxis, Krisenbewältigung und Konstitution von Erfahrung (Abduktion) als Grundprobleme in der Peirceschen Philosophie und der modernen Soziologie«, unveröffentlichtes Manskript, Frankfurt am Main 1998, 54 S.

– »Vorläufiges Resümee über: ›Gemeinsamkeiten und Differenzen von religiöser, ästhetischer, Natur- und Leiberfahrung‹«, unveröffentlichtes Manuskript, Frankfurt am Main 1998, 66 S.

– »Der professionalisierungstheoretische Ansatz des Teilprojekts ›Struktur und Genese professionalisierter Praxis als Ortes der stellvertretenden Krisenbewältigung‹, seine Stellung im Rahmenthema des Forschungskollegs und sein Verhältnis zur historischen Forschung über die Entstehung der Professionen im 19. und 20. Jahrhundert« (Teilprojekt C3 im Sonderforschungsbereich/FK 435 ›Wissenskultur und gesellschaftlicher Wandel‹ der Johann Wolfgang Goethe-Universität Frankfurt am Main), unveröffentlichtes Manuskript, Frankfurt am Main 1999, 102 S.

– »Die Methode der Fallrekonstruktion in der Grundlagenforschung sowie der klinischen und pädagogischen Praxis«, in: K. Kraimer (Hg.), *Die Fallrekonstruktion. Sinnverstehen in der sozialwissenschaftlichen Forschung,* Frankfurt am Main: Suhrkamp 2000, S. 58-156.

– »Das Verhältnis von Theorie und Praxis im theoretischen Denken von Jürgen Habermas – Einheit oder kategoriale Differenz?«, in: St. Müller-Doohm (Hg.), *Das Interesse an Vernunft. Rückblicke auf das Werk von Jürgen Habermas seit ›Erkenntnis und Interesse‹,* Frankfurt am Main: Suhrkamp 2000, S. 411-464.

– »The analytical difference between community and society and its consequences«, in: Ross, A. (Hg.), *Developing Identities in Europe. Citizenship Education and Higher Education,* London 2000, S. 37-61.

– »Die Farbe – Sinnliche Qualität, Unmittelbarkeit und Krisenkonstellation – Ein Beitrag zur Konstitution ästhetischer Erfahrung«, in: M. Fehr (Hg.), *Die Farbe hat mich – Positionen zur nichtgegenständlichen Malerei,* Essen: Klartext 2000, S. 426-473.

– »Überlegungen zur Integration und Synthesis der begrifflichen und methodischen Instrumentarien der Forschungen im Sonderforschungsbereich/FK 435 ›Wissenkultur und gesellschaftlicher Wandel‹«, unveröffentlichtes Manuskript, Frankfurt am Main 2000, 80 S.

– »Bewährungsdynamik und Jenseitskonzepte«, Manuskript, Frankfurt am Main 2000, 51 S. (Jetzt in: W. Schweidler (Hg.), *Wiedergeburt und kulturelles Erbe,* St. Augustin: Academia 2001).

– »Die Struktur sozialer Deutungsmuster. Versuch einer Aktualisierung«, Manuskript, Frankfurt am Main 2000, S. 6 f. (jetzt in: *Sozialer Sinn,* Heft 2, 2001).

– »Ausprägungen der strukturellen Religiosität unter Bedingungen der vollständigen Säkularisierung des Bewußtseins«, unveröffentlichtes Manuskript, Frankfurt am Main 2001, 44 S.

– *Strukturprobleme supervisorischer Praxis. Eine objektiv hermeneutische Sequenzanalyse zur Überprüfung der Professionalisierungstheorie,* Frankfurt am Main: Humanities Online 2001 (2. Aufl. 2003).

– »Die Philosophie von Charles Sanders Peirce als Philosophie der Krise«, in: H.-J. Wagner: *Objektive Hermeneutik und Bildung des Subjekts,* Weilerswist: Velbrück Wissenschaft 2002, S. 209-246.
– »Die Soziologie der Generationenbeziehungen und der historischen Generationen aus strukturalistischer Sicht und ihre Bedeutung für die Schulpädagogik«, in: T. S. Kramer, W. Helsper und S. Busse (Hg.), *Pädagogische Generationsbeziehungen,* Opladen 2001, S. 78-126.
– »Überlegungen zum Stellenwert von ›Selbstbewußtsein‹ in der Konstitutionstheorie der Erfahrungswissenschaften von der sinnstrukturierten Welt und zum Verhältnis dieser Wissenschaften zu den Neurowissenschaften«, unveröffentlichtes Manuskript, Frankfurt am Main 2001.
– »Sozialisation als Prozeß der Krisenbewältigung«, in: D. Geulen und H. Veith (Hg.), *Sozialisationstheorie interdisziplinär. Aktuelle Perspektiven,* Stuttgart: Lucius & Lucius, 2004, S. 155-181.
Peirce, Ch. S., *Collected Papers of Charles Sanders Peirce,* Bände I-VI, hg. von Ch. Hartshorne und P. Weiss, Cambridge, Mass. 1931-1935; Bände VII-VIII (Book II: Correspondance), hg. von A. W. Burks, Cambridge, Mass. 1958.
– *The Essential Peirce. Selected Philosophical Writings,* hg. von N. Houser und Ch. Kloesel, Bd. 1 (1867-1893), Bloomington, Ind. 1992.
Piaget, J.: *Biologie und Erkenntnis,* Frankfurt am Main: Fischer 1974.
– *Das moralische Urteil beim Kinde,* Stuttgart: Klett 1973.
– *Der Strukturalismus,* Olten: Walter 1973.
Ricœur, P., »Der Text als Modell: hermeneutisches Verstehen«, in: W. L. Bühl (Hg.)., *Verstehende Soziologie,* München 1972, S. 253-283.
Roth, G., *Fühlen, Denken, Handeln. Wie das Gehirn unser Handeln steuert,* Frankfurt am Main: Suhrkamp 2001.
– *Aus der Sicht des Gehirns,* Frankfurt am Main: Suhrkamp 2003.
Rizzolatti, G., L. Fadiga, L. Fogassi und V. Gallese, »Premotor cortex and the recognition of motor actions«, in: *Cognitive Brain Research* 3: 1996, S. 131-141.
– L. Fogassi und V. Gallese et al., »Cortical mechanisms subverving object grasping and action recognition: A new on the cortical motor functions«, in: M. S. Gazzaniga et al. (Hg.), *The new cognitive neurosciences,* 2. Aufl. MIT Press, Cambridge, Mass., S. 539-552.
Singer, W., »The formation of cooperative cell assemblies in the visual cortex« in: *J. Exp. Biol.* 155, 1990, S. 177-197.
– und C. M. Gray, »Visual feature integration and the temporal correlation hypothesis« in: *Annu. Rev. Neurosci.* 18: 1995, S. 555-586.
– »Neurobiologische Anmerkungen zum Konstruktivismus-Diskurs«, in: Burkholz, R. u. a., S. 377-400.
– *Der Beobachter im Gehirn. Essays zur Hirnforschung,* Frankfurt am Main: Suhrkamp 2002.
– *Ein neues Menschenbild? Gespräche über Hirnforschung,* Frankfurt am Main: Suhrkamp 2003.
Sutter, J., *Bildungsprozesse des Subjekts. Eine Rekonstruktion von Ulrich Oevermanns Theorie- und Forschungsprogramm,* Opladen 1997.
Soeffner, H.-G., *Auslegung des Alltags – Der Alltag der Auslegung,* Frankfurt am Main: Suhrkamp 1989.

Wagner, H.-J., *Strukturen des Subjekts – Eine Studie im Anschluß an George Herbert Mead.* Mit einem Vorwort von Lothar Krappmann, Opladen: Westdeutscher Verlag 1993.

– »Sinn als Grundbegriff in den Konzeptionen von George Herbert Mead und Pierre Bourdieu. Ein kritischer Vergleich«, in: G. Gebauer und Ch. Wulf (Hg.), *Praxis und Ästhetik. Neue Perspektiven im Denken Pierre Bourdieus,* Frankfurt am Main 1993, S. 317-340.

– *Rekonstruktive Methodologie – George Herbert Mead und die qualitative Sozialforschung,* Opladen: Westdeutscher Verlag 1999.

– *Objektive Hermeneutik und Bildung des Subjekts. Mit einem Text von Ulrich Oevermann: Die Philosophie von Charles Sanders Peirce als Philosophie der Krise,* Weilerswist: Velbrück Wissenschaft 2001.

– »Thesen zu einer zukünftigen Sozialisationstheorie«, in: D. Geulen und H. Veith, (Hg.), *Sozialisationstheorie interdisziplinär. Aktuelle Perspektiven,* Stuttgart: Lucius & Lucius, 2004, S. 183-209.

– »Kultur – Sozialität – Subjektivität. Konstitutionstheoretische Defizite im Werk Pierre Bourdieus«, in: B. Rehbein, G. Saalmann, H. Schwengel (Hg.), *Pierre Bourdieus Theorie des Sozialen. Probleme und Perspektiven,* Konstanz: UVK 2003, S. 203-230.

– *Krise und Sozialisation. Strukturale Sozialisationstheorie II,* Frankfurt am Main: Humanities Online 2004.

Zehentreiter, F., »Systematische Einführung. Die Autonomie der Kultur in Ulrich Oevermanns Modell einer Erfahrungswissenschaft der sinnstrukturierten Welt«, in: Burkholz, R. u. a. (Hg.), S. 11-104.